Los puritanos

Una guía fascinante sobre los protestantes ingleses descontentos con la Iglesia de Inglaterra que crearon la colonia de la bahía de Massachusetts en la costa este de Estados Unidos

© Copyright 2021

Todos los derechos reservados. Ninguna parte de este libro puede ser reproducida de ninguna forma sin el permiso escrito del autor. Los revisores pueden citar breves pasajes en las reseñas.

Descargo de responsabilidad: Ninguna parte de esta publicación puede ser reproducida o transmitida de ninguna forma o por ningún medio, mecánico o electrónico, incluyendo fotocopias o grabaciones, o por ningún sistema de almacenamiento y recuperación de información, o transmitida por correo electrónico sin permiso escrito del editor.

Si bien se ha hecho todo lo posible por verificar la información proporcionada en esta publicación, ni el autor ni el editor asumen responsabilidad alguna por los errores, omisiones o interpretaciones contrarias al tema aquí tratado.

Este libro es solo para fines de entretenimiento. Las opiniones expresadas son únicamente las del autor y no deben tomarse como instrucciones u órdenes de expertos. El lector es responsable de sus propias acciones.

La adhesión a todas las leyes y regulaciones aplicables, incluyendo las leyes internacionales, federales, estatales y locales que rigen la concesión de licencias profesionales, las prácticas comerciales, la publicidad y todos los demás aspectos de la realización de negocios en los EE. UU., Canadá, Reino Unido o cualquier otra jurisdicción es responsabilidad exclusiva del comprador o del lector.

Ni el autor ni el editor asumen responsabilidad alguna en nombre del comprador o lector de estos materiales. Cualquier desaire percibido de cualquier individuo u organización es puramente involuntario.

Índice

INTRODUCCIÓN: UNA RECETA PURITANA 1
CAPÍTULO 1 - ANTES DE LOS PURITANOS 4
CAPÍTULO 2: LOS PRIMEROS PURITANOS 10
CAPÍTULO 3 - CÓMO LLEGARON LOS PURITANOS A AMÉRICA 20
CAPÍTULO 4 - EL PARAÍSO PERDIDO DE LOS PURITANOS 33
CAPÍTULO 5 - LOS JUICIOS POR BRUJERÍA EN SALEM 40
CAPÍTULO 6 - LOS JUICIOS A LAS BRUJAS DE SALEM CONTINÚAN Y SE PRODUCE UNA CAZA DE BRUJAS PURITANA 52
CAPÍTULO 7 - LOS PURITANOS EN UN PERÍODO DE DECADENCIA Y UN MOMENTO DE TRANSFORMACIÓN 61
CAPÍTULO 8 - LOS PURITANOS Y PATRIOTAS DE NUEVA INGLATERRA 69
CAPÍTULO 9 - LOS PURITANOS, LA GUERRA CIVIL Y LAS OPORTUNIDADES PARA AMPLIAR SU ALCANCE 75
CAPÍTULO 10 - LOS PURITANOS MODERNOS Y EL FIN DE UNA ERA 83
CAPÍTULO 11 - UN DÍA EN LA VIDA DE UN PURITANO 89
CONCLUSIÓN: DEJARON QUE SU LUZ BRILLARA 96
VEA MÁS LIBROS ESCRITOS POR CAPTIVATING HISTORY 98
APÉNDICE A: LECTURAS ADICIONALES Y REFERENCIAS 99

Introducción: Una receta puritana

Los puritanos. El propio nombre invoca imágenes de lo religiosamente estricto y austero. Aquellos puritanos puristas que consideraban todas las demás religiones nulas en comparación con la suya. La propia palabra "puritano", de hecho, deriva de este grupo de fanáticos religiosos. Y el término "fanático" no se utiliza en sentido peyorativo, sino como una descripción muy adecuada de la forma en que los puritanos vivían sus vidas.

Los puritanos creían firmemente en sus sensibilidades religiosas, y estaban dispuestos a hacer casi cualquier cosa para verlas cumplidas. Como solía ocurrir con los nuevos movimientos religiosos, el título de "puritano" no lo inventaron los propios puritanos. Fue un apodo que les pusieron los opositores al movimiento religioso, que los ridiculizaban como puristas poco realistas. Los etiquetados con este título se lo tomaron a pecho y asumieron el reto que significaba, declarando que eran realmente puritanos, tal y como sus adversarios les habían acusado.

Al principio, los puritanos eran simplemente reformistas religiosos que pretendían separar a los protestantes ingleses de los últimos vestigios de la tradición católica romana. Inglaterra entró en la Reforma un poco más tarde que la Europa continental, y la causa inicial de la Reforma inglesa fue muy diferente. Inicialmente, se debió a un enfrentamiento entre el rey Enrique VIII y el papa, que llevó al rey británico a separarse de la iglesia madre y declararse jefe de una nueva iglesia, la Iglesia de Inglaterra. En muchos sentidos, la Iglesia de Inglaterra era católica en todo menos en el nombre. Muchas de las mismas doctrinas y rituales de la Iglesia católica se trasladaron a la Iglesia de Inglaterra. Quizás la mayor diferencia era que el papa en Roma ya no tenía ninguna autoridad sobre los británicos.

En cualquier caso, este acto abrió las compuertas, y una reforma religiosa comenzó a arraigarse en Gran Bretaña. Los puritanos estaban en contra de la Iglesia católica y buscaban "purificar" sus bancos de todas y cada una de las enseñanzas católicas. A medida que progresaban como fe protestante, los puritanos se volvieron aún más puritanos y pronto rechazaron casi todas las demás creencias protestantes que diferían de sus propias enseñanzas.

Pero por mucho que los puritanos fueran tachados de hipócritas por sus oponentes, en realidad trataban de practicar lo que predicaban. Creían firmemente que si vivían abiertamente lo que consideraban una vida justa, podrían persuadir a otros con su propio ejemplo. A través de su propia abnegación, querían servir de testamento vivo de cómo debían ser los creyentes cristianos. Pero, como solía ocurrir tras la Reforma, esta interpretación de cómo debían ser los cristianos era casi siempre una receta para la lucha y el conflicto. Los puritanos creían sinceramente que su deber era ser esa "ciudad brillante sobre una colina" que diera ejemplo a los demás. Intentaban vivir una vida apartada, casi como si fuera un testimonio para el mundo de que se podía seguir la bondad de Dios. Sus intenciones eran buenas, pero, como suele ocurrir con los planes mejor trazados, tanto de los ratones como de los hombres, a menudo es más fácil decirlo que hacerlo.

Capítulo 1 – Antes de los puritanos

«Es verdaderamente humilde el hombre que no reclama ningún mérito personal a los ojos de Dios, ni desprecia con orgullo a los hermanos, ni pretende que se le considere superior a ellos, sino que considera suficiente ser uno de los miembros de Cristo, y no desea otra cosa que la exaltación de la cabeza sola».

-Juan Calvino

Para entender realmente el movimiento religioso conocido como los puritanos, hay que entender realmente lo que ocurrió antes de que los puritanos surgieran. Los puritanos, por supuesto, fueron los sucesores de la Reforma Protestante que sacudió a la Iglesia católica hasta su núcleo. La Reforma fue provocada por un monje católico llamado Martín Lutero, que comenzó a cuestionar las enseñanzas oficiales de la Iglesia. Fue Lutero quien, el 31 de octubre de 1517, clavó sus noventa y cinco tesis en las puertas de una abadía llamada Iglesia de Todos los Santos.

Lutero inició un diálogo que condujo a un nuevo pensamiento entre los cristianos, y pronto comenzaron a surgir nuevas denominaciones. Antes de la Reforma, la Iglesia católica, cuyo propio nombre, "católico", es el derivado latino de una palabra griega que significa "universal", se había posicionado como la única y verdadera iglesia universal del país. Después de la Reforma, sin embargo, hubo varias denominaciones en Europa que compitieron entre sí para ganar fieles conversos.

Martín Lutero, por supuesto, se convirtió en el principal líder de la Reforma, pero no fue el único. Muy cerca del ascenso de Martín Lutero a la prominencia estaba un hombre llamado Juan Calvino. Juan Calvino es crucial para la historia de los puritanos, ya que fue sobre su doctrina posterior del calvinismo que se basarían muchas creencias y pensamientos puritanos.

Juan Calvino fue un reformador francés que, tras ser expulsado de su Francia natal, se estableció en la cercana Suiza, donde predicó sus creencias sobre la predestinación. Calvino, al igual que Lutero antes que él, enfatizó la necesidad de la fe para que los cristianos alcanzaran la salvación. Al igual que Lutero, creía que la salvación no era algo que se pudiera ganar mediante buenas obras, sino que era algo que solo se podía conseguir mediante la fe en Dios.

Pero —y este es un gran pero— Calvino proclamaba que Dios ya había preordenado quién estaría abierto a tener fe en él y quién no. Básicamente, creía que la historia de la vida ya había sido escrita hace mucho tiempo, y el autor de la creación —Dios— ya había creado todos los papeles que increíblemente acabaríamos interpretando. Imaginando que Dios es el último productor/guionista/director de la realidad, los calvinistas dirían que todos estamos simplemente representando el papel que se nos ha dado. Que todo lo que hacemos ha sido predestinado y preordenado.

Juan Calvino predicaba que, tanto si llegamos a tener fe en Dios como si nos desviamos y damos la espalda a la gracia y a la fe, todo estaba ya predeterminado de antemano. Este punto de vista se convertiría en un elemento importante en la vida de los puritanos. El concepto de predeterminación sigue siendo un tema candente entre los cristianos incluso hoy en día. Muchos cristianos consideran tales conceptos como un anatema absoluto, pues sienten que niegan el principio central cristiano del libre albedrío. La mayoría de los cristianos estarían de acuerdo en que el hombre tiene libre albedrío y elige hacer el bien o el mal. La idea calvinista de que algunos están condenados a las tinieblas mientras que otros están destinados a ir hacia la luz parece contradecir la noción misma de que tenemos libre albedrío. Por otra parte, incluso los cristianos que se horrorizan ante la doctrina calvinista de la predestinación se verían en apuros para explicar cómo un Dios, al que no dudan en admitir que es omnipotente y omnisciente, no podría saber lo que nos depara el futuro. Si Dios lo sabe todo y puede ver el pasado, el presente y el futuro a la vez, como dirían la mayoría de los cristianos, ¿cómo podría no saber cuál será nuestro resultado final? Algunos cristianos, sin embargo, podrían sostener que no es tanto que Dios haya predestinado o preordenado nuestras elecciones, sino que simplemente es su naturaleza saber cómo va a desarrollarse todo. Esto no sería tanto la predestinación como el hecho de saber todo de antemano. La predestinación, por supuesto, es un concepto teológico muy complicado, y puede ser analizado, visto y argumentado desde una amplia variedad de ángulos, como se puede ver.

La noción de "los elegidos" de Juan Calvino, o la idea de que eran unos pocos elegidos los que Dios había escogido para ser salvados, también resonó en los puritanos, que llegarían a creer realmente que eran un pueblo apartado. Uno de los grandes líderes puritanos de la década de 1600, John Winthrop, compararía el movimiento puritano con una "ciudad brillante en una colina" para que todo el mundo la viera. Winthrop no inventó esta frase; estas palabras fueron recogidas del propio Nuevo Testamento de la Biblia. El versículo se encuentra en Mateo 5:14, en el que Jesús declaró a sus seguidores: «Vosotros sois la luz del mundo. Una ciudad asentada en una colina no puede ser escondida». Los puritanos se tomaron estas palabras al pie de la letra, y las interpretaron en el sentido de que eran realmente los elegidos que Dios había apartado para cumplir su voluntad divina.

Otra doctrina calvinista que llegaría a influir enormemente en los puritanos era la noción de que todos los miembros de la Iglesia debían ser iguales y que no debía haber una figura de autoridad centralizada que los gobernara. La Iglesia católica, por supuesto, era (y sigue siendo) un cuerpo altamente organizado y jerárquico, en el que el papa está en la cima con cardenales y otros miembros de alto rango ramificados por debajo. Juan Calvino no quería saber nada de esto. Los puritanos estaban de acuerdo, y cuando su movimiento se puso en marcha en Inglaterra, se opusieron firmemente a los arzobispos y obispos jerárquicos de la Iglesia de Inglaterra. Los puritanos declararon que no querían que estas autoridades religiosas les dijeran lo que tenían que hacer.

Otro principio del calvinismo que los puritanos abrazaron sin reservas fue la noción de la separación de la Iglesia y el Estado. Juan Calvino declaró que el gobierno estatal no tenía derecho a interferir o dictar asuntos de la iglesia. Los puritanos también estaban apasionadamente de acuerdo con este asunto, y finalmente llevaron este concepto a América. Fue en el Nuevo Mundo donde los puritanos dejarían uno de sus legados más duraderos, ya que la separación de la Iglesia y el Estado acabaría convirtiéndose en un sello distintivo de los posteriores Estados Unidos.

Juan Calvino llegó por primera vez a Suiza en 1536 y, en la década de 1540, muchas de sus ideas habían arraigado firmemente en la región. Los ingleses, entretanto, se habían vacunado de la Reforma que estaba barriendo el continente europeo. Impedidos de tener tales expresiones de pensamiento por los severos gobernantes católicos, lo más que podían hacer era sentarse a observar lo que ocurría al otro lado del canal de la Mancha y esperar. Desde 1509, Inglaterra estaba en manos del rey Enrique VIII, que comenzó su carrera como católico acérrimo. En su defensa de la Iglesia católica, se erigió inicialmente como opositor a la Reforma e incluso escribió un tratado en defensa del catolicismo llamado *Defensa de los siete sacramentos*. El rey Enrique tampoco tenía muchas cosas buenas que decir sobre Martín Lutero; en un momento dado, comparó a Lutero con una serpiente cuyas palabras eran como "veneno de víbora". El papa en Roma aprobó de todo corazón los pensamientos y acciones de Enrique, y en un momento dado, incluso proclamó al rey Enrique como "defensor de la fe".

Pero este gran defensor de la fe demostraría ser algo inconstante y solo apoyaría al papa cuando se le permitiera salirse con la suya. Y en lo que se refiere a Inglaterra, la ruptura con la Iglesia católica romana no se produjo por desacuerdos religiosos, sino porque el rey Enrique estaba molesto con el papa por no satisfacer su petición de anular su matrimonio. El divorcio no era posible en aquella época, así que lo mejor era conseguir la anulación, ya que esta declararía que el matrimonio era nulo desde el principio.

Enrique había estado casado con Catalina de Aragón durante más de dos décadas, y estaba bastante afligido porque ella no había sido capaz de producir un heredero varón para el trono. Enrique, sintiendo que su propio legado estaba en juego, decidió que necesitaba una nueva esposa. Como Inglaterra era católica, esto significaba que este rey supuestamente soberano tenía que consultar primero con el papa. Y cuando el papa se negó a cumplir sus deseos, un enfurecido rey Enrique rompió con el papa y con la Iglesia católica directamente. Sin embargo, Enrique seguía siendo muy católico en sus creencias. No quería deshacerse de la tradición católica; solo quería deshacerse de la autoridad papal. Por esta razón, creó su propia iglesia estatal, la Iglesia de Inglaterra, de la que él sería la cabeza. El papa ya no estaría a cargo de la religión para los ingleses; ahora, recaería sobre los hombros de su propio rey el dictarles los modos correctos de culto y pensamiento religioso.

Aunque el rey Enrique VIII se hizo cargo de la Iglesia de Inglaterra, dejó intactas la mayoría de las tradiciones y adornos católicos, y fueron estos vestigios de la antigua Iglesia católica los que los reformistas de mentalidad progresista de la Iglesia de Inglaterra trataron de eliminar. En cierto sentido, querían "purificar" la Iglesia de Inglaterra de todos los antiguos vínculos con el catolicismo romano. De esta mentalidad surgió el concepto de puritanismo.

Antes de los puritanos, muchos consideraban que la pseudorreforma de Inglaterra era lamentablemente incompleta. ¿Cómo podía cualquier protestante y calvinista que se precie (como lo eran muchos protestantes ingleses) tolerar el uso de vestimentas sacerdotales de estilo católico y las lecturas de un libro de oraciones que se remontaban a la iglesia madre de Roma? Para muchos, estos vestigios del catolicismo eran intolerables. Era como si la puerta de la libertad de culto se hubiera abierto ligeramente, pero no se permitiera a nadie abrirla totalmente.

Los protestantes británicos anhelaban tener las libertades religiosas que habían conseguido sus hermanos protestantes en bastiones como Suiza y Alemania. Algunos rezaban fervientemente y esperaban que llegara ese día; otros, sin embargo, estaban dispuestos a acompañar sus oraciones con acciones.

Capítulo 2: Los primeros puritanos

«Es la voluntad de Dios, mediante su maravillosa gracia, que las oraciones de sus santos sean uno de los principales medios para llevar a cabo los designios del reino de Cristo en el mundo. Cuando Dios tiene que realizar algo muy grande para su iglesia, es su voluntad que lo precedan las oraciones extraordinarias de su pueblo, como se manifiesta en Ezequiel 36:37. Y se revela que, cuando Dios está a punto de lograr grandes cosas para su iglesia, comenzará por derramar notablemente el espíritu de gracia y súplica».

-Jonathan Edwards

Los que acabaron siendo los fundadores del puritanismo no tenían la intención de iniciar un nuevo movimiento religioso, sino simplemente de purificar la Iglesia protestante de Inglaterra de todos los vestigios latentes de la Iglesia católica. El rey Enrique VIII se separó de la Iglesia católica en 1534, y aunque sus acciones condujeron a la reforma, el rey Enrique VIII no fue en sí mismo un reformista. Irónicamente, comenzó su carrera como partidario acérrimo de la Iglesia católica, razón por la cual quizás mantuvo intactas muchas de las tradiciones de la Iglesia católica en su nueva religión estatal, la Iglesia de Inglaterra.

Aunque el rey se había separado de la Iglesia católica romana por razones temporales más que espirituales, los protestantes estaban agradecidos. Sin embargo, no les entusiasmaba la presencia continuada de la Iglesia católica en el país. Más tarde, los protestantes ingleses trabajarían para reformar lentamente estos aspectos de la Iglesia de Inglaterra desde dentro hacia fuera. Uno de estos primeros reformistas ingleses fue Thomas Cranmer, arzobispo de la Iglesia de Inglaterra.

Cranmer defendió la causa de que la Iglesia de Inglaterra adoptara la creencia protestante de la "justificación por la fe" en lugar de la "justificación por las obras". Los protestantes de esta época percibían que la Iglesia católica se centraba demasiado en hacer buenas obras en lugar de simplemente tener fe en Dios. Los protestantes sabían que tanto las buenas obras como la fe eran importantes, pero deseaban enfatizar la creencia de que solo a través de la fe en Dios se podía obtener la salvación.

El arzobispo Cranmer y sus partidarios también se negaban a reconocer la creencia católica en la "transubstanciación", que sostenía que Jesús se transformaba literalmente en pan y vino durante la comunión. Incluso hoy, sigue siendo un concepto extraño que los católicos tienen que explicar. La transubstanciación enseña que, aunque Cristo no es percibido de ninguna manera por los sentidos físicos durante el rito de la comunión, sí se produce una transformación. Aunque el pan y el vino siguen teniendo el mismo aspecto y sabor que el pan y el vino, la sustancia de los sacramentos se transforma de manera no física durante ese breve momento de tomar la Eucaristía. Sí, incluso una vez explicado, es un concepto difícil de entender para algunos.

Cranmer y sus aliados protestantes se apresuraron a descartar este aspecto de la fe católica, a menudo confuso y difícil de comprender. Pero aunque el rey Enrique VIII había roto con la Iglesia católica, el rey tardó en aceptar muchas creencias protestantes. Además, había un ala conservadora creciente en la Iglesia de Inglaterra que no deseaba perder las antiguas enseñanzas de la Iglesia madre. Estas condiciones hicieron de la Reforma inglesa un proceso mucho más lento que la rápida reforma que había tenido lugar en otros países del continente europeo.

En Inglaterra, los retrocesos políticos a menudo llevaban a los retrocesos religiosos, y gran parte de los logros que los protestantes ingleses habían conseguido podían ser rápidamente anulados. Después de la muerte del rey Enrique VIII en 1547, el poder fue otorgado a su hijo de nueve años, Eduardo. Aunque ciertamente no tenía la edad suficiente para liderar por sí mismo, los protestantes tenían la seguridad de que su eventual reinado sería favorable a su fe.

Sin embargo, el rey Eduardo VI pereció inesperadamente en 1553, y con él, gran parte de la causa protestante pereció también. Porque fue después de su muerte que la hermana de Eduardo, María, que era una católica acérrima, llegó al trono. Sí, irónicamente, a pesar de todos los esfuerzos del rey Enrique VIII para producir un heredero varón que lo sucediera, fue finalmente su hija mayor María quien llegaría a tener el poder real sobre Inglaterra.

María I, que llegaría a desarrollar el apodo de "María la Sangrienta", pondría en marcha una reversión total de todas las reformas protestantes. De repente, era un delito realizar prácticas religiosas fuera del catolicismo. Antes de que María ocupara su lugar en el trono, la lealtad al papa y al catolicismo romano se consideraba un anatema, pero una vez que tomó el poder, los ritos católicos volvieron a estar de moda. El propio Cranmer fue víctima de este repentino cambio, y posteriormente fue quemado en la hoguera por aferrarse a las reformas que antes se consideraban aceptables.

Sin embargo, en Inglaterra, lo que era aceptable en materia de religión se había convertido casi en una suposición de cualquiera, ya que las arenas movedizas de la doctrina religiosa británica seguían cambiando bajo los pies de todos. La reina María I enfureció aún más a los protestantes británicos cuando se casó con el incondicional católico Felipe, el rey de España, en 1554. Poco después de este matrimonio se anunció que el catolicismo en Inglaterra sería oficialmente restaurado. Luego, en 1555, María dio un paso más al poner de nuevo en vigor las leyes católicas relativas a la herejía. Fue este renovado impulso contra la herejía lo que costaría la vida a los reformistas protestantes, como Cranmer.

Muchos otros reformistas, al darse cuenta de que Inglaterra ya no toleraría sus creencias, tomaron la decisión de huir a Suiza. En ese momento, Suiza —la tierra del calvinismo, nada menos— se había convertido en un refugio para muchos protestantes ingleses. Y muy pronto, los que podían llamarse "puritanos" acudían en masa a ciudades suizas como Ginebra y Zúrich.

No hubo una cierta sensación de estabilidad hasta que la reina María I pereció abruptamente de lo que se cree que fue un cáncer en 1558, permitiendo que su hermanastra, Isabel, llegara al trono. La reina Isabel I era protestante, y puso en marcha una tendencia hacia el ethos básico protestante que se mantendría después. Pero, ya fueran de tendencia protestante o católica, los monarcas británicos pronto se dieron cuenta de que tenían que aplacar tanto a los reformistas, que buscaban nuevas formas de tratar la religión, como a los conservadores, que deseaban mantener las antiguas tradiciones.

Fue esta dicotomía ideológica de Gran Bretaña la que a menudo persuadió a los monarcas británicos a tomar el camino del medio, por así decirlo. Permitían algunas reformas protestantes, pero tampoco querían llevar las cosas demasiado lejos. Debido a la renuencia de los monarcas a cambiar completamente la religión del país, siempre hubo algunos entre los protestantes que sintieron que el movimiento de Inglaterra hacia el protestantismo no iba lo suficientemente lejos. Aquí fue donde entraron los puritanos.

De particular interés para los que se convertirían en puritanos fue la cuestión de las vestimentas sacerdotales utilizadas por el clero en la Iglesia de Inglaterra. Los protestantes puritanos deseaban deshacerse de esta tradición, ya que parecía remitir a la Iglesia católica. En lugar de una vestimenta elaborada, los puritanos recomendaban unas modestas batas negras menos llamativas y ostentosas. Puede parecer un detalle menor hoy en día, pero el código de vestimenta de los sacerdotes de la Iglesia de Inglaterra era un gran problema en aquella época.

Los puritanos se avergonzaban de la lentitud de la reforma en la Iglesia de Inglaterra. Este sentimiento quizás se resumió mejor en el tratado anónimo *Admonición al Parlamento*, escrito en 1572. El tratado proclamaba su desdén, afirmando: «En Inglaterra estamos tan lejos de tener una iglesia correctamente reformada, según la prescripción de la palabra de Dios, que todavía no hemos llegado a la cara exterior de la misma». Los protestantes puritanos de Inglaterra solo podían ver con envidia las reformas protestantes más sólidas que se estaban llevando a cabo en el continente europeo.

La reina Isabel era, en efecto, una reformista a medias en lo que respecta a los asuntos internos, y era muy partidaria de mantener el statu quo. Pero mientras intentaba mantener el lento ritmo de las reformas inglesas en casa, era bastante progresista cuando se trataba de sus políticas protestantes en el extranjero. La reina Isabel se convirtió en una especie de cruzada protestante a la hora de enfrentarse a la España católica. Resulta bastante irónico que su antiguo cuñado, el rey Felipe, se convirtiera en su archienemigo, pero así era esencialmente el estado de las cosas en la Inglaterra isabelina.

Como si fueran maestros del ajedrez, estos dos líderes se observaban mutuamente con mucha atención mientras se enzarzaban en su propia guerra santa personal, y cada vez que uno hacía un movimiento, el otro se aseguraba de intentar un movimiento para contrarrestar directamente sus esfuerzos. En particular, la reina Isabel era una firme defensora de los Países Bajos de tendencia protestante, que el rey Felipe intentaba activamente devolver al redil católico. El rey Felipe, que había heredado la región de su padre, el emperador del Sacro Imperio Romano Germánico Carlos V, había estado librando una guerra con sus apoderados en el sur de los Países Bajos contra el bastión protestante del norte. En 1580, tras una larga y prolongada lucha entre estas facciones, el rey Felipe envió a uno de sus leales comandantes, Alessandro Farnese, también conocido simplemente como el duque de Parma, para que intentara acabar con los protestantes del norte de los Países Bajos.

Mientras tanto, los protestantes del norte habían formado la llamada Unión de Utrecht, ya que se habían comprometido a unirse para evitar cualquier invasión extranjera. Lograron resistir tras varias incursiones, pero en el verano de 1585, los defensores parecían estar en las últimas justo cuando el duque de Parma se preparaba para desencadenar una invasión total de los Países Bajos del norte.

Todo parecía perdido cuando las tropas británicas llegaron repentinamente a la escena, enviadas a instancias de la propia reina Isabel. Mientras los soldados británicos pisaban los Países Bajos, la reina firmaba un compromiso oficial de ayuda a los protestantes. Esta ayuda era el Tratado de Nonsuch, que declaraba que la reina no dudaría en utilizar la fuerza militar para defender a sus aliados protestantes en los Países Bajos. Estos dos atrevidos movimientos fueron suficientes para convencer a la Corona española de que diera marcha atrás, y los Países Bajos del norte quedaron en paz.

Las acciones de la reina indican que, aunque se cuidaba mucho de caminar por la cuerda floja entre las distintas facciones de su propio país, cuando se trataba de un enfrentamiento internacional mayor entre católicos y protestantes, estaba más que dispuesta a pasar a la ofensiva. En su país, sin embargo, siempre tuvo cuidado de no enemistarse con su propia ciudadanía y de no provocar una rebelión si daba demasiado a los reformistas.

En la escena internacional, esta fuerte postura contra el catolicismo llevó a España a intentar invadir Inglaterra en 1588. Pero a pesar de todo el poder de España, la Armada Española fue rechazada con éxito por la Armada Británica. Muchos protestantes y puritanos consideraron este éxito como una señal de la providencia divina. Realmente creían que Dios estaba de su lado.

En cualquier caso, la reina Isabel I parecía ser experta en sofocar la expansión del poder católico. Incluso en América, la reina Isabel estaba dispuesta a enfrentarse a los españoles en todo momento. Aunque Inglaterra aún no había creado una colonia viable en ese momento, la reina se aseguró de emplear a corsarios, que es básicamente una palabra elegante para referirse a los piratas, para que vagaran por alta mar cerca de las posesiones españolas en el Caribe y más allá. Estos marineros privados eran muy duros y estaban más que dispuestos a apoderarse de los barcos del tesoro español y llevar la plata, el oro y las joyas que adquirían a Inglaterra.

En general, en lo que respecta a los protestantes de todo el mundo, Isabel no fue una mala gobernante. Tras el fallecimiento de Isabel en 1603, los fieles de mentalidad más puritana se mostraron algo esperanzados respecto a su sucesor, Jacobo Estuardo. Jacobo Estuardo era un defensor de la secta protestante conocida como los presbiterianos. Los presbiterianos procedían de Escocia, y antes de que Jacobo Estuardo fuera coronado en Inglaterra, era el rey de Escocia, conocido como Jacobo VI (se convirtió en Jacobo I tras la unión de Inglaterra y Escocia en 1603). Como tal, obviamente estaba bastante familiarizado con estos protestantes. Y a su llegada al trono inglés, la idea de que Jacobo I sería útil para la causa protestante se impuso rápidamente.

Muy pronto, los protestantes puritanos elaboraron una petición oficial para que el rey considerara sus reformas. Estos esfuerzos dieron lugar a la llamada Conferencia de Hampton Court. El rey Jacobo I demostró no estar interesado en la mayoría de sus ideas, aunque sí estuvo de acuerdo en un punto importante: debía haber una nueva traducción de la Biblia al inglés.

Los puritanos fueron la clave para que el rey pusiera en marcha el gran proyecto de traducción que daría lugar a la versión del rey Jacobo de la Biblia. Los puritanos la recibieron con los brazos abiertos, ya que llevaban muchos años pidiendo una versión inglesa de la Biblia para que todos pudieran leerla libremente. Sin embargo, los puritanos no contaban con el favor del rey cuando se trataba de su batalla contra las vestimentas sacerdotales, y muchos protestantes puritanos acabaron siendo expulsados de la iglesia simplemente por negarse a llevarlas.

Algunos de los que pertenecían al ala puritana de la Iglesia de Inglaterra eran lo suficientemente influyentes como para que el clero local hiciera secretamente ciertas concesiones solo para mantenerlos a bordo. Pero estas cosas no podían durar siempre, y como el agua y el aceite, los puritanos de la Iglesia de Inglaterra pronto se separaron por completo y crearon su propio movimiento religioso. Los más firmes de estos fieles puritanos comenzaron a celebrar reuniones secretas en sus propias casas. Estas reuniones se consideraban ilegales en aquella época, y el hecho de que estos puritanos no asistieran a la Iglesia de Inglaterra oficialmente sancionada se consideraba un delito en sí. Bastaba con que un vecino entrometido o un antiguo miembro de la iglesia informara de su ausencia para que uno fuera perseguido. Algunos incluso perdían la vida, como fue el caso del reformador Henry Barrow, que fue ejecutado en 1593.

Sin embargo, a pesar de la presión para ajustarse a la Iglesia de Inglaterra, el rey Jacobo era calvinista y apoyaba las enseñanzas calvinistas. Este apoyo quedó claramente demostrado en 1618, cuando los principales calvinistas de la época celebraron una conferencia en los Países Bajos. El objetivo principal de la reunión era discutir la obra de un tal Jacobo Arminio. Este hombre procedía de Utrecht, la misma zona de los Países Bajos en la que los protestantes de los Países Bajos del norte se habían unido y forjado la Unión de Utrecht ante la agresión católica. La razón por la que Jacobo Arminio se convirtió en objeto de debate fue su opinión de que las decisiones de los seres humanos podían moldear su destino y que, de hecho, desempeñaban un papel activo en lo que respecta a su salvación o no. Estos puntos de vista, aunque tal vez sean bastante comunes en otros grupos cristianos, no gustaron en absoluto a los calvinistas. Las enseñanzas de Juan Calvino sobre la predestinación eran bastante claras, y los calvinistas debían creer que Dios era el autor y el final de la historia humana, siendo los hombres y las mujeres completamente incapaces de cambiar el curso de su destino por sí mismos. Sin embargo, este "calvinista reformado", por así decirlo, logró ganar un número considerable de seguidores con sus enseñanzas modificadas del calvinismo, y su punto de vista único fue apodado arminianismo.

Sí, una vez más, surgía otra variante del pensamiento cristiano. Y tan pronto como lo hizo, los críticos y detractores salieron de la nada. El propio Jacobo Arminio falleció en 1609, pero en los años siguientes, sus enseñanzas continuaron poniéndose de moda. Para hacer frente a la llamada controversia del arminianismo que había surgido en los círculos protestantes, las grandes mentes del calvinismo se reunieron en los Países Bajos en 1618.

El rey Jacobo I se aseguró de enviar a sus propios representantes a la conferencia para defender el rechazo total del arminianismo. Tales esfuerzos fueron ciertamente agradables para los de tendencia puritana. Aunque no estaban contentos con los restos de la tradición católica en la Iglesia de Inglaterra, el conocimiento de que la doctrina calvinista en general estaba siendo adoptada habría sido ciertamente alentador.

Estos desarrollos positivos fueron suficientes para mantener bajas las voces más ruidosas de los puritanos, y muchos se contentaron con dedicarse a lo que llamaban "divinidad práctica". Estos esfuerzos se centraban en enseñar al ciudadano medio los ideales puritanos con el ejemplo, sin llegar a desobedecer abiertamente a la Iglesia de Inglaterra.

Sin embargo, en ese mismo fatídico año de 1618, algunos puritanos consideraron conveniente burlar la voluntad de su rey cuando el rey Jacobo I decidió no apoyar a su propio yerno, Federico, el rey de Bohemia, en su lucha contra las fuerzas católicas durante la guerra de los Treinta Años. Algunos puritanos comenzaron a recaudar y enviar fondos por su cuenta a este potencial potentado protestante.

Sin embargo, aparte de algunos esfuerzos clandestinos como estos, la mayoría de los puritanos estaban dispuestos a tolerar al rey Jacobo siempre que este, a su vez, tolerara los principales principios del calvinismo. Esta especie de tolerancia mutua duraría gran parte del reinado de Jacobo I. A veces era una alianza incómoda, pero parecía servir a su propósito.

El rey Jacobo se posicionó como el administrador del calvinismo, y subrayó que el clero debía tener cuidado de no confundir a los laicos con la complejidad de la doctrina. En 1622, incluso llegó a ordenar que solo se permitiera enseñar sobre la predestinación a aquellos que tuvieran "un título de licenciado en divinidad o superior", con el fin de proteger al público de una mayor confusión.

Tal vez el rey Jacobo, que había sido testigo de muchos disturbios por las diversas interpretaciones de la predestinación, tuviera buenas intenciones, pero esta directiva le pareció a muchos una extralimitación intolerable. Los protestantes estaban cada vez más preocupados por el hecho de que sus derechos religiosos empezaban a ser arrebatados. Sin la posibilidad de hablar libremente y mantener un diálogo abierto, ¿qué significaría esto para el crecimiento espiritual? Los puritanos, por su parte, no iban a permitir que ningún soberano maniatara su fe.

Cuando el rey Jacobo permitió que su hijo Carlos se casara con una princesa católica francesa, muchos puritanos intuyeron que se avecinaban más problemas. Y cuando Carlos I llegó al trono en 1625 y comenzó a practicar el catolicismo abiertamente, sintieron que sus peores temores se habían confirmado. Fue la llegada del rey Carlos, de hecho, lo que llevó a muchos puritanos a buscar un lugar más lejano para plantar su fe, tan lejos como el otro lado del Atlántico, en un lugar poco conocido llamado América.

Capítulo 3 - Cómo llegaron los puritanos a América

«Porque debemos considerar que seremos como una ciudad sobre una colina. Los ojos de todos los pueblos están sobre nosotros. De modo que si tratamos falsamente a nuestro Dios en esta obra que hemos emprendido, y hacemos que Él nos retire su ayuda actual, seremos una historia y una palabra de orden en todo el mundo».

-John Winthrop

La mayoría de los estadounidenses conocen la historia de los peregrinos que llegaron a Norteamérica en un barco llamado *Mayflower* y cómo se establecieron en Plymouth en 1620. Pero muchos desconocen hasta qué punto la piedad religiosa llevó a estos colonos a abandonar su viejo mundo por uno completamente nuevo. Los peregrinos puritanos no se embarcaron en este peligroso viaje en busca de oro o tierras. Su búsqueda era la de la libertad religiosa y la oportunidad de construir una sociedad marcada por los ideales que ellos apreciaban.

La colonia de Plymouth fue la segunda colonia inglesa que tuvo éxito en Norteamérica, después del anterior asentamiento de Jamestown en el actual estado de Virginia. El boscoso telón de fondo de Plymouth acabaría siendo célebremente conmemorado en Estados Unidos en la festividad de Acción de Gracias, en recuerdo de una época en la que los puritanos peregrinos y sus aliados nativos americanos se sentaban durante la cosecha de otoño para comer juntos y dar gracias a Dios.

Aunque ahora sabemos que Plymouth es una ciudad de Massachusetts, inicialmente formaba parte de la colonia general de Nueva Inglaterra antes de separarse en la colonia de la bahía de Massachusetts. Los puritanos que se establecieron en Plymouth estaban dirigidos por un hombre llamado William Bradford. Antes de poner un pie en tierra, los puritanos firmaron el famoso Pacto del Mayflower, en el que dictaban cómo debía funcionar tanto la colonia como sus propias vidas. Este documento sería fundamental para la formación de Estados Unidos. Fue citado por el filósofo John Locke, que elaboró su famoso "contrato social", que luego influyó en la propia creación de la Declaración de Independencia que dio origen a los propios Estados Unidos de América. Así pues, decir que las palabras del Pacto del Mayflower fueron influyentes sería quedarse corto.

Al llegar, los puritanos se pusieron a trabajar en la construcción de sus asentamientos y en la puesta en práctica de sus principios. Otras oleadas de migración puritana estaban en marcha en Gran Bretaña, y en 1630, un líder puritano llamado John Winthrop lideraba la llamada "Gran Migración" de un gran rebaño puritano a la colonia de la bahía de Massachusetts. Se llamó así por el hecho de que la empresa de colonización fue financiada por un grupo de financieros con sede en Londres llamada la Compañía de la Bahía de Massachusetts.

Se dice que la cantidad de dinero que la Compañía de la Bahía de Massachusetts puso sobre la mesa para esta expedición ascendió a lo que habrían sido cuarenta millones de dólares en dinero actual. Los barcos que transportaban a estos pasajeros al Nuevo Mundo estaban totalmente equipados con todo lo que podían necesitar. Iban cargados con "jabón, velas, herramientas, utensilios, acero, hierro, ropa, zapatos, muebles para la casa, telas para las velas, ganado, caballos, cabras, heno para el forraje, libros de oraciones y Biblias".

Esto debió ser un consuelo para la gente que tuvo que vender sus casas y muchas otras pertenencias para poder embarcarse en este viaje a un mundo nuevo y extraño. En efecto, se trataba de una empresa de gran envergadura para cualquiera. Como tal, el hombre que dirigía el viaje no quería decepcionar. John Winthrop era un abogado de mediana edad, un predicador ocasional y un cruzado protestante en general. Winthrop estaba alarmado tanto por las presiones a las que se enfrentaban los protestantes puritanos en su país, como por las incursiones del catolicismo en el extranjero.

La España católica había reclamado gran parte de las Américas hacía tiempo, apoderándose de México y de América Central y del Sur. Esto no era nada nuevo. Pero Winthrop se alarmó aún más al escuchar informes de que los católicos franceses prosperaban en la colonia norteamericana de Quebec. A su llegada, en junio de 1630, Winthrop se dedicó a la difícil tarea de crear solidaridad entre los colonos puritanos, muchos de los cuales procedían de diferentes orígenes y regiones de Gran Bretaña.

Al establecerse en la ciudad de Salem, Winthrop dijo a sus congregantes coloniales que no solo habían establecido un pacto entre ellos, sino también "con Dios". Además, les enseñó que la colonia de Nueva Inglaterra sería una "ciudad sobre una colina", que inspiraría a quienes la vieran a imitarla. Las palabras de Winthrop se inspiraron en el libro bíblico de Mateo, en el que el propio Cristo dijo a sus discípulos: «Vosotros sois la luz del mundo. Una ciudad en la cima de una colina que no se puede ocultar».

Winthrop y sus seguidores puritanos tuvieron que forjar su mundo desde cero, construyendo casas y ganándose la vida en un mundo incierto. Pero a pesar de asegurarse de que sus necesidades terrenales básicas estaban cubiertas, también tenían el gran reto de asegurarse de que sus creencias espirituales permanecieran intactas mientras creaban un "reino de Dios" aquí en la Tierra. En los años siguientes, estos colonos forjaron un sistema de gobierno en el que votaron por un gobernador y un parlamento simulado, que consistía en una cámara alta y una cámara baja de legisladores.

Las casas de culto locales, mientras tanto, se organizaban en un proceso democrático similar, en el que los líderes de la iglesia eran seleccionados por los miembros de la misma. Las colonias puritanas, al igual que gran parte del resto del mundo de la época, eran en última instancia una sociedad patriarcal, por lo que cuando decimos "miembros de la iglesia", debemos dejar claro que eran solo los miembros masculinos los que podían opinar sobre estos asuntos. Y los hombres de la iglesia no solo podían votar a los líderes de la iglesia, sino también a varios representantes que formarían lo que se conocía como el Corte General. La Corte General era la encargada de elaborar las leyes generales relativas a la gestión de la colonia y a los diversos asuntos de los colonos.

Y para fomentar la solidaridad entre las distintas iglesias, se celebraban conferencias clericales periódicas en las que todos los líderes eclesiásticos podían consultarse entre sí sobre la dirección del movimiento puritano en general. Los principales líderes que surgieron durante esta época fueron Thomas Hooker, Roger Williams y John Cotton. A veces, estos hombres no estaban de acuerdo entre sí, pero siempre pudieron hacerlo de manera bastante civilizada. Pero incluso cuando las congregaciones puritanas buscaban la solidaridad, no siempre se ajustaban a la misma norma. Casi siempre había una ligera diferencia de opinión en ciertos asuntos de fe.

Mientras tanto, muchos fieles puritanos británicos empezaron a ver a sus hermanos del otro lado del Atlántico con cierta preocupación y escepticismo, preguntándose si tal vez esta secta del puritanismo estaba derivando hacia una nueva denominación por completo. Sin embargo, los puritanos coloniales mantenían que no habían cambiado su objetivo. El líder puritano John Winthrop dejó claro que su intención era que los colonos establecieran un pacto entre ellos y se mantuvieran fuertes en el mundo ajeno que ahora llamaban su hogar.

Por mucho que John Winthrop fomentara el discurso abierto para evitar conflictos, las disputas surgirían inevitablemente. Roger Williams, por ejemplo, causó un famoso alboroto sobre la toma de juramento y sobre si los líderes coloniales tenían o no derecho a regular las actividades de cada uno durante el sábado. Este puritano estaba tan perturbado por lo que ocurría que acabó trasladándose al cercano asentamiento de Providence (la futura capital de Rhode Island).

Y las disputas no acabaron ahí. El ministro puritano Thomas Shepard tenía un problema con la reformadora protestante Anne Hutchinson. Anne vivía en Boston, controlada por los puritanos, con su marido William y sus quince hijos. Entre el cuidado de todos sus hijos, Anne había demostrado ser una gran predicadora. Sin embargo, no todos los puritanos estaban de acuerdo con lo que ella tenía que decir, y Thomas Shepard, por ejemplo, no era ciertamente un fan.

Shepard desaprobaba la afirmación de Anne Hutchinson de que se podía tener una "conexión espiritual directa con Dios". Tal afirmación olía a antinomianismo, y Thomas Shepard y otros puritanos de ideas afines creían que tales pensamientos eran un error. Creían que Dios solo hablaba directamente con las figuras bíblicas del pasado y que su manifestación directa ya no se producía. Para los puritanos como Thomas Shepard, los que decían tener una relación personal con Dios eran ilusos, en el mejor de los casos, o practicaban la brujería, en el peor.

Quienes conocen los juicios por brujería de Salem, de los que hablaremos con más detalle en breve, se dan cuenta de la rapidez con que las acusaciones puritanas de brujería pueden salirse de control, por lo que tales caracterizaciones eran realmente muy graves. Aunque la mayoría de los cristianos de hoy en día considerarían que una relación personal con Dios es algo bueno, para algunos de los contemporáneos puritanos de Anne, incluso alguien que afirmaba tener una conexión con Dios podía ser acusado de practicar la brujería. Y si no llamaban a Anne bruja directamente, al menos sugerían que estaba delirando.

Anne y sus seguidores, sin embargo, insistían en que los puritanos que desestimaban la conexión espiritual que se podía tener con Dios eran los que estaban engañados. Anne creía que estos puritanos en particular estaban cegados por su énfasis en "el papel de las obras". Es irónico que Anne acusara a sus hermanos de tal defecto, ya que fue en gran parte debido al supuesto énfasis de la Iglesia católica en las obras que la Reforma Protestante comenzó en primer lugar.

Thomas Shepard y los suyos, sin embargo, consideraron que Anne Hutchinson se equivocó gravemente al dar demasiada importancia a la "noción de la gracia libre". Anne, por su parte, acusó a sus oponentes de poner demasiado énfasis en las buenas obras y los actos en lugar de desarrollar una verdadera relación con Dios. Curiosamente, el único ministro puritano al que Anne no acusó de estar demasiado centrado en las obras fue John Cotton, que anteriormente había sido su pastor personal y el de su marido.

Parece que Anne empezó a expresar sus opiniones mientras trabajaba como comadrona. Ella y las mujeres con las que trabajaba habitualmente discutían habitualmente sus ideas sobre la religión, y Anne fomentaba mucho estas conversaciones que invitaban a la reflexión. John Winthrop recordaría más tarde de Anne «que su charla ordinaria era sobre las cosas del Reino de Dios». Dicho esto, la mayoría se preguntaría hoy con toda naturalidad: «Bueno, ¿qué hay de malo en eso?».

Pero el problema no era que hablara de Dios, sino el tema que elegía. En cualquier caso, Anne no tardó en celebrar reuniones periódicas en su casa, en las que profundizaba en sus creencias y en su interpretación de las Escrituras. Al principio, la mayoría de los asistentes eran matronas como ella, pero pronto muchos más empezaron a escuchar sus enseñanzas. Y finalmente, tanto hombres como mujeres abarrotaban regularmente su casa para escucharla predicar.

Los dos bandos de este debate se enfrentaban cada vez más, mientras que los que se encontraban en un punto intermedio ideológico, como el más centrista John Winthrop, hacían lo posible por encontrar algún tipo de término medio. Resultó ser una tarea imposible. Y en cuanto Thomas Shepard y sus partidarios de la línea dura se impusieron, se encargaron de que Anne recibiera una excomunión oficial y fuera expulsada de la colonia.

Anne, como Roger Williams antes que ella, se dirigió a Providence, junto con su familia, y creó puestos de avanzada en lo que un día se convertiría en Rhode Island. Por desgracia, la vida de Anne no terminó muy bien. Tras permanecer un tiempo en Providence, se estableció en el asentamiento de Eastchester, cerca del lugar donde se encuentra la actual Nueva York. Fue aquí donde ella y toda su familia se encontraron con el juego sucio a manos de una tribu local de nativos americanos.

En cualquier caso, divisiones internas como la de Anne Hutchinson surgían de vez en cuando entre los puritanos. Aunque los puritanos habían huido de la persecución religiosa, dudaban en mostrar mucha tolerancia cuando surgían diferencias de opinión religiosa.

Además de estos conflictos internos, las colonias de los puritanos también se enfrentaron a conflictos externos. Se enfrentaron a las presiones de los holandeses, que controlaban la colonia de Nueva Holanda (actual Nueva York), y de varios grupos de nativos americanos. Para los puritanos asentados a lo largo del río

Connecticut, las cosas se pusieron tan mal que en el año 1636 estalló un conflicto abierto con una tribu de nativos americanos llamada los pequot.

La guerra fue básicamente la culminación de las tensiones que se habían ido acumulando en la región a causa del comercio, la escasez de recursos y las diversas escaramuzas que habían estallado. Los puritanos consiguieron que otras tribus locales de nativos americanos se pusieran de su lado contra los pequot. A pesar de su ventaja numérica y de su conocimiento del terreno, la guerra acabó siendo mala para los pequot, y una vez finalizada la lucha, su poder quedó muy disminuido.

A pesar del conflicto, ese mismo año se dieron los primeros pasos para establecer una escuela de aprendizaje respaldada por los puritanos, que acabaría convirtiéndose en la Universidad de Harvard. La escuela se inspiró en la prestigiosa institución inglesa de enseñanza superior, la Universidad de Cambridge. De hecho, el mismo asentamiento en el que se construyó Harvard fue apodado "Cambridge" en honor a ese hecho. En un principio, la escuela se centró en la creación de ministros de la fe, pero también se centró en el mundo académico en general. En cualquier caso, cualquiera que haya asistido a Harvard en Cambridge, Massachusetts, tiene que agradecer a los puritanos de la colonia de la bahía de Massachusetts.

Los puritanos tuvieron ciertamente sus dificultades en las colonias. Pero aún más acuciante para los puritanos norteamericanos era la amenaza de la Corona inglesa. En esta época, el arzobispo de Canterbury, un tal William Laud, se había empeñado prácticamente en reducir la inmigración puritana a Norteamérica. Incluso había intentado abiertamente que se rescindiera la carta de Massachusetts. Los puritanos, mientras tanto, temían que se les impusiera un gobernador real, que sería completamente indiferente a sus preocupaciones. Esta amenaza pareció desaparecer cuando el gobierno británico se distrajo demasiado con su propia agitación interna como para preocuparse por los colonos puritanos. Fue en esta época cuando Inglaterra se vio envuelta en una serie de sangrientas guerras civiles. El rey Carlos I había desarrollado una relación cada vez más antagónica con el Parlamento británico. Los miembros del Parlamento se mostraban escépticos sobre los motivos del rey Carlos, y el público en general estaba resentido por el hecho de que estuviera casado con una mujer de origen católico, la reina Enriqueta María de Francia.

Las cosas llegaron a un punto crítico cuando el rey Carlos intentó encarcelar a algunos de sus oponentes parlamentarios. La palabra clave aquí es "intento", ya que el rey no logró apresar a sus enemigos. En lugar de ello, fueron avisados de lo que estaba ocurriendo y se dieron a la fuga. Tras su huida y después de que el resto del Parlamento se enterara de lo sucedido, Inglaterra se convirtió en un país con dos bandos armados: los que estaban dispuestos a luchar por el Parlamento y los que estaban dispuestos a luchar por el rey Carlos. Estos dos bandos comenzaron a enfrentarse en 1642.

A medida que el conflicto se calentaba, el rey Carlos I tenía un firme control del norte de Inglaterra, Gales, las Midlands y el West Country. El Parlamento, por su parte, tenía el control de Londres, los alrededores del sureste del país y Anglia Oriental. También disponían de una gran ventaja, ya que contaban con el respaldo de la marina inglesa. Después de varias escaramuzas, la guerra estaba prácticamente estancada en 1644. En un esfuerzo por llegar a una solución diplomática, el rey Carlos consiguió celebrar una nueva sesión del Parlamento en la que se encontraba en Oxford.

Sin embargo, los resultados no fueron satisfactorios y la lucha continuó. Oxford fue asediada por las fuerzas parlamentarias en 1646, y el propio rey apenas consiguió escapar. Huyó al norte, donde fue escondido por escoceses leales durante varios meses. El Parlamento consiguió finalmente convencer a los escoceses para que lo entregaran. El rey Carlos I fue hecho prisionero en enero de 1647. Debido a que las cuestiones religiosas jugaron un papel tan importante como las políticas durante este conflicto, muchos han apodado a la guerra civil inglesa como la "guerra de Religión".

Y en lo que respecta a los puritanos, muchos de los principales puritanos ingleses se pusieron de hecho del lado de los parlamentarios contra el rey de influencia católica, al que tenían en baja estima. Por ello, algunos han llegado a calificar el conflicto como una especie de "revolución puritana", en la que los celosos puritanos se apoderaron del poder del Parlamento para purificar a Inglaterra de sus signos más evidentes de influencia católica: el propio rey.

Durante el transcurso del conflicto, los puritanos también se aseguraron de hacer llegar al Parlamento una nueva legislación que exigía una mayor reforma de la Iglesia inglesa. Sin embargo, los propios puritanos de Inglaterra seguían divididos en cuanto al mejor camino a seguir en cuanto a las reformas. Una facción de los puritanos ingleses estaba convencida de que debían emular las reformas populares que habían llevado a cabo los clérigos presbiterianos, mientras que otros eran partidarios del llamado "congregacionalismo", que imitaba a esa vieja ciudad puritana brillante sobre una colina: Nueva Inglaterra.

Mientras tanto, todos los miembros del Parlamento estaban gravemente preocupados por si alguna de estas facciones se hacía con el dominio, no fuera que llegara a enseñorearse del resto. Esto había sido comúnmente el caso en el curso de todos los movimientos de reforma en el pasado. Tan pronto como una corriente protestante se hacía prominente, no pasaba mucho tiempo antes de que comenzaran a perseguir al resto. Una y otra vez, la minoría religiosa previamente perseguida se alzaba para convertirse en el perseguidor número uno.

El Parlamento estaba preocupado por una repentina repetición de la historia debido a la falta de "control central" en materia de fe. Muchos hoy en día no son conscientes de este trauma aprendido de Inglaterra y otras naciones europeas durante la Reforma, pero sin duda estaba en la mente de los últimos fundadores de Estados Unidos. Por esta razón, el concepto de la libertad de religión era tan importante para ellos, así como el concepto de la separación de la iglesia y el estado. Hoy en día, muchos interpretan que la separación de la Iglesia y el Estado significa mantener la religión fuera del gobierno, pero en realidad el objetivo principal era mantener al Estado fuera de la religión. Los Padres Fundadores no querían repetir los problemas causados por la Iglesia de Inglaterra, y no querían establecer una "Iglesia de Estados Unidos" que dictara las normas religiosas que todos debían seguir. Por tanto, se consideró que el mejor enfoque para la sociedad era tener una completa separación de la Iglesia y el Estado, impidiendo que el gobierno dictara cómo debían comportarse las iglesias.

Tras el arresto domiciliario del rey Carlos I, un elemento radicalizado de la oposición al rey, llamado los Niveladores, comenzó a exigir la "libertad de religión" para Inglaterra. Pero antes de que estos planes pudieran fructificar, en 1648, el rey Carlos escapó de sus confines y consiguió llegar de forma independiente a los escoceses, a los que convenció para que se pusieran de nuevo de su lado. Esto condujo a la llamada Segunda guerra civil inglesa, que estalló entre el rey y el Parlamento. Esta vez, el rey tuvo aún menos éxito y fue derrotado rápidamente. Fue capturado por segunda vez.

Sus adversarios, que no querían arriesgarse, lo juzgaron y lo condenaron a muerte. La sentencia de muerte del rey Carlos I se ejecutó en enero de 1649. Esto llevó al Parlamento a intentar forjar una mancomunidad, pero la inconstancia de los parlamentarios provocó demasiados desacuerdos, y todo amenazó con deshacerse. En este caos intervino Oliver Cromwell, que tomó el poder en 1653 y creó el Protectorado de Inglaterra.

Al presentarse como el lord Protector de Inglaterra, Cromwell era esencialmente poco más que un dictador. Cromwell era también un puritano. Oliver Cromwell alcanzó la fama durante la Primera guerra civil inglesa y se convirtió en un destacado comandante militar durante la segunda. Cromwell fue fundamental a la hora de refrenar a los escoceses y permitir la detención del rey Carlos. Y como el propio

Cromwell era puritano, consideraba imperativo purificar Inglaterra de los vestigios del catolicismo. Se veía a sí mismo como el instrumento de Dios en esta empresa, y creía firmemente que había sido puesto en su lugar únicamente para ese propósito.

A veces se habla de Cromwell como un dictador "reacio". No era un funcionario elegido y se limitó a tomar el poder después de que el rey fuera depuesto. El propio Cromwell dijo a menudo que no quería gobernar Inglaterra y que su reinado fue a regañadientes, forjado por la necesidad.

Curiosamente, Cromwell sigue siendo una figura polarizadora entre el público británico, ya que algunos lo comparan con un malvado usurpador y otros insisten en que era más parecido a una figura tutelar. Y tal y como su título implicaba, era efectivamente un "lord Protector" del reino. En cualquier caso, una vez que tuvo el poder, no dudó en utilizarlo en lo que respecta a los asuntos religiosos.

Cromwell también estaba al frente de lo que se había convertido en una especie de cruzada protestante contra el poder católico de España. Fue bajo Cromwell que Jamaica fue arrebatada a España y llevada al redil británico. Mientras tanto, en su país, Cromwell fue un importante reformista protestante que buscó la ayuda de los congregacionalistas y de los más centristas entre los presbiterianos para encontrar un terreno común.

En 1646, Cromwell promulgó la Confesión de Fe de Westminster, que dictaba que el tipo particular de doctrina calvinista que tanto agradaba a los presbiterianos y a los puritanos se convertía en la ley religiosa del país. Además, los puritanos fueron recompensados políticamente con un número creciente de escaños en el Parlamento.

Como es de imaginar, el hecho de que los puritanos recibieran un trato tan favorable no sentó bien a quienes se oponían a los ideales puritanos. Puede que estos opositores se vieran temporalmente marginados por las nuevas reformas, pero solo estaban esperando el momento oportuno para atacar. Y tras la repentina y abrupta muerte de Cromwell en 1658, llegaría otro ajuste de cuentas religioso.

Capítulo 4 - El paraíso perdido de los puritanos

«En todo tu curso, camina con Dios y sigue a Cristo como un niño pequeño, pobre e indefenso, tomándote de la mano de Cristo, manteniendo tu ojo en la marca de las heridas en sus manos y costado, de donde vino la sangre que te limpia del pecado y ocultando tu desnudez bajo la falda del blanco y brillante manto de su justicia».

-Jonathan Edwards

Tras la muerte de Oliver Cromwell, se produjo una lucha por el control de Inglaterra que finalmente acabó invitando al hijo de Carlos I, Carlos II, a subir al trono en el año 1660. Curiosamente, no fue el nuevo rey, sino el Parlamento el que comenzó a actuar contra los puritanos ingleses. La Iglesia de Inglaterra recuperó gran parte de su autoridad, y los puritanos fueron relegados a los márgenes como disidentes que se negaban a conformarse. Aunque los puritanos se enfrentaban a una nueva persecución en Inglaterra, en las colonias británicas de Norteamérica ocurría lo contrario.

Los puritanos que gobernaban las colonias eran cada vez más intolerantes con otras creencias. En particular, cuando los cuáqueros comenzaron a emigrar a Norteamérica en la década de 1650, los puritanos, que a menudo eran sus vecinos, empezaron a perseguirlos por sus creencias religiosas.

Uno de los casos más famosos ocurrió cuando una mujer cuáquera llamada Mary Dyer fue condenada a muerte simplemente por hablar con otros sobre su fe. A pesar de los riesgos, Mary había predicado frecuentemente a otros sobre las creencias cuáqueras en el enclave puritano de Boston. Fue arrestada y finalmente llevada a la horca como castigo por su evangelización no sancionada. Antes de su muerte, se le dijo que si simplemente juraba que dejaría de predicar sus creencias cuáqueras, se le perdonaría. Hay que preguntarse si se trató de un truco especialmente cruel por parte de sus fiscales puritanos, ya que sabían perfectamente que, como parte de su fe, los cuáqueros se negaban a prestar juramento.

Como era de esperar, Mary Dyer también se negó, y posteriormente fue ahorcada. Muchos se sintieron perturbados por lo sucedido a Dyer, y cuando la historia llegó a Inglaterra, el rey Carlos II se sintió lo suficientemente conmovido como para hacer algo al respecto. En 1661, lanzó un edicto oficial a todos los que residían en la bahía de Massachusetts para que cesaran y desistieran de cualquier ejecución de cuáqueros por orden expresa del rey. Además de esto, se envió una comisión real a las colonias para controlar a las autoridades coloniales y asegurarse de que no se extralimitaran.

Entre otras cosas, esta comisión se aseguró de que los puritanos no excluyeran a otras confesiones religiosas de la comunión. Esta presión para que se aceptaran mejor otras confesiones religiosas, junto con el auge económico de las colonias, abrió las puertas para que colonos religiosos de todo tipo se abrieran paso en los asentamientos coloniales de Nueva Inglaterra. Esta nueva afluencia provocó conflictos sociales en muchas de las comunidades coloniales. Aunque se había prohibido la persecución directa de otros credos, el resentimiento seguía latente bajo la superficie.

No obstante, habría amenazas externas que traerían más tensión a los colonos. Este fue el caso en 1675, cuando las tribus de nativos americanos lanzaron ataques a gran escala en la zona de Nueva Inglaterra en lo que posteriormente se denominó la guerra del rey Felipe. Su nombre se debe a uno de los principales agitadores, el jefe Metacom, a veces conocido simplemente como Metacom, que había recibido el apodo de rey Felipe.

Al parecer, Metacom había llegado a la conclusión de que los colonos europeos eran demasiado numerosos, y reconocía con razón que el creciente número de colonos se estaba convirtiendo en una amenaza para la propia existencia de su tribu. A pesar de las relaciones amistosas anteriores, Metacom lanzó lo que podría considerarse un ataque preventivo contra la creciente población puritana.

En el transcurso de este conflicto, las tribus locales lanzaron varias incursiones contra los colonos, así como contra las tribus con las que habían permanecido aliados. En el transcurso de estas incursiones, unos seiscientos colonos perderían la vida y varios asentamientos serían destruidos. Se dice, de hecho, que durante el conflicto, que duraría hasta 1678, al menos doce asentamientos fueron completamente aniquilados, y nada menos que el 10 por ciento de la población total de la colonia fue aniquilada.

Los puritanos, apoyándose en sus creencias durante esta difícil época, llegaron a considerar que sus problemas estaban relacionados de algún modo con su fe. Muchos desarrollaron la firme convicción de que lo que les había sucedido era de alguna manera un castigo directo de Dios. No es difícil entender por qué los puritanos y otros protestantes podían considerar que un desastre como este era una especie de castigo divino. Todo lo que tenían que hacer era referirse al Antiguo Testamento y leer los testimonios de los profetas bíblicos que, en diferentes momentos de la existencia de la nación de Israel, afirmaban que era un castigo de Dios el que se desataba sobre ellos cuando las tribus vecinas los atacaban.

Al igual que los israelitas estaban dispuestos a atribuir la culpa de las dificultades, los puritanos también comenzaron a preguntarse abiertamente si habían cometido algún pecado colectivo por el que estaban siendo castigados. Uno de los predicadores puritanos que defendió este punto de vista, Increase Mather, era un puritano nativo de la colonia de la bahía de Massachusetts. Tener "Increase" como nombre de pila puede parecer un poco extraño para el lector moderno, pero en realidad había una razón detrás. Sus padres estaban muy empapados de las escrituras en el momento de su nacimiento, y sabiendo que la forma hebrea de José, Yosef, traducida al inglés significa literalmente "Increase" (Aumento), decidieron llamar a su hijo Increase en honor a ese hecho. Nombrar a los niños como Yosef o como la versión anglicista de José es algo común, pero nombrarlos como la traducción inglesa del original hebreo es una rareza en los tiempos modernos. Entre los puritanos, sin embargo, estas cosas eran habituales.

En cualquier caso, Increase Mather, cuyos padres llegaron con el gran éxodo de Inglaterra a la colonia de la bahía de Massachusetts en 1630, formó parte de la primera generación de puritanos que nació en un asentamiento de Nueva Inglaterra. Creció durante los buenos tiempos de los primeros asentamientos, en los que los peregrinos puritanos y los nativos americanos vivían en relativa armonía. Esto se contrapuso a la horrible experiencia de la guerra del rey Felipe y el terror que provocó.

A raíz de esto, Increase Mather fue uno de los líderes puritanos que no dudó en afirmar que estaban sufriendo por la falta de renovación espiritual. Increase Mather, cuyo nombre significa literalmente un aumento de la bendición, trató de renovar y aumentar las bendiciones espirituales de los protestantes puritanos. Increase creía que Dios enviaba diversos juicios sobre el pueblo para que volviera a su cauce, y consideraba que las recientes dificultades eran una señal de que los puritanos de Norteamérica debían cambiar de rumbo.

Las colonias de Nueva Inglaterra eran, en efecto, vulnerables, pero no eran las tribus locales lo que más temían los colonos, sino el gobierno inglés en su país. Después de la muerte de Cromwell, muchos de los logros que los puritanos habían conseguido en Inglaterra fueron revertidos por el rey Carlos II, y cuando Carlos II fue sucedido por el rey Jacobo II en 1685, este nuevo rey aplicó aún más presión. Esta vez, los esfuerzos del rey se dirigieron a los propios puritanos de Nueva Inglaterra, ya que fue el rey Jacobo II quien decidió revocar por completo la carta de la bahía de Massachusetts. El rey Jacobo II optó entonces por establecer el Dominio de Nueva Inglaterra, en el que todas las colonias establecidas, junto con Nueva Jersey y Nueva York, se combinaron en un único dominio de la Corona. Esto significaba que habría un gobernador general nombrado por la realeza para supervisar todo y que ya no habría ningún órgano legislativo elegido democráticamente para representar a los colonos.

Peor aún, y para disgusto de los puritanos, fue la introducción forzada del odiado *Libro de Oración Común*. El *Libro de Oración Común* era la liturgia oficial de la Iglesia de Inglaterra de la época, y una vez que se puso en vigor, se esperaba que todo el mundo se adhiriera a él. Esta no era definitivamente la dirección que los colonos puritanos querían tomar. Y lo que más les molestaba era el hecho de que sus propias reuniones municipales —el alma de los congregacionalistas— habían sido restringidas, estrictamente controladas y vigiladas.

En efecto, a los puritanos les resultaba especialmente penoso que, incluso en el Nuevo Mundo, al que habían emigrado para practicar libremente sus creencias religiosas, no fueran inmunes al largo alcance de un rey inglés lo suficientemente decidido. Y por si todo esto fuera poco, el propio rey Jacobo II era un católico practicante, lo que no hizo sino alimentar las sospechas de que los puritanos protestantes iban a ser reprimidos hasta el punto de dejar de ser un cuerpo distinto dentro de la Iglesia de Inglaterra.

Pero por muy paranoicos que fueran los puritanos de Nueva Inglaterra al contemplar las maquinaciones de su soberano, los puritanos de Inglaterra estaban dispuestos a derrocar al rey Jacobo II directamente. El incidente que logró poner al borde del precipicio a la oposición de Jacobo II fue la noticia de que su esposa había dado a luz a un hijo llamado Jacobo Francisco Eduardo. Normalmente, el nacimiento de un heredero real habría sido una ocasión de alegría. Pero la idea de un Jacobo III en el trono, que potencialmente seguiría el mismo camino que su padre, no era algo que se esperase, especialmente porque se había afirmado previamente que Jacobo II transferiría el poder a su hija protestante, María, convirtiendo así a su marido protestante, Guillermo de Orange, en el rey. Esta promesa había hecho que las cosas fueran al menos algo tolerables para los protestantes de Inglaterra, y la mayoría se contentaba con esperar a que llegara ese día. Pero cuando se supo que María iba a ser apartada en favor de un niño que sería educado en la fe católica, fue demasiado para que la oposición lo tolerara.

Harto de cómo iban las cosas, el Parlamento se puso en contacto con Guillermo de Orange (Orange es una región del sur de Francia) a espaldas del rey Jacobo II y le invitó a ir a Inglaterra y destituir al rey Jacobo II por la fuerza. Guillermo de Orange aceptó la invitación y llegó a las costas británicas con catorce mil soldados a su disposición. Esto fue suficiente para asustar al rey Jacobo para que abdicara, y buscó refugio en Francia. Guillermo de Orange se convirtió entonces en el nuevo rey de Inglaterra, bautizado como rey Guillermo III en 1689.

Ese mismo año, de vuelta en las colonias de Nueva Inglaterra, una importante revuelta en Boston, conocida como la "Revolución sin sangre", consiguió romper el férreo control del estatus de dominio de Nueva Inglaterra. En años posteriores, Boston se convertiría en el centro de muchas protestas contra el gobierno inglés, que culminarían en el infame motín del té de Boston de 1773. En ese momento, sin embargo, el rey podía estar demasiado distraído debido a que habían estallado combates entre británicos y franceses en las actuales provincias canadienses de Nueva Escocia y Quebec.

El rey Guillermo III, que llegó al trono con demasiados problemas, no estaba dispuesto a enfrentarse también a los colonos. En su lugar, aceptó de buen grado en 1691 permitir que los asentamientos de Nueva Inglaterra volvieran a dividirse en sus distintas identidades, con la única excepción de Plymouth, que fue absorbida por Massachusetts.

Pero aunque los puritanos habían recuperado cierta influencia, no tenían el poder político que tenían antes. Era todavía una época de gran incertidumbre respecto a la dirección que tomarían las colonias. Los recién llegados, que venían con nuevas ideas tanto sobre la religión como sobre la vida cívica, amenazaban con cambiar la forma de hacer las cosas.

En otras palabras, el monopolio puritano de Nueva Inglaterra estaba llegando a su fin. Y fue durante esta época de gran ansiedad que un tribunal repleto de agitadores puritanos en Salem, Massachusetts, comenzaría el proceso judicial más sensacional de la historia, conocido simplemente como los juicios de las brujas de Salem.

Capítulo 5 - Los juicios por brujería en Salem

«Que no digan más, Dios debe hacerlo todo, nosotros no podemos hacer nada, y así se animen a vivir en un descuido de Dios, y de sus propias almas, y la salvación. Ciertamente, aunque no podemos decir que si los hombres mejoran sus habilidades naturales como deberían hacerlo, la gracia seguirá infaliblemente, sin embargo, no habrá un solo pecador, en todo el mundo reprobado, que se levante en el día del juicio y diga: Señor, tú sabes que hice todo lo que posiblemente podía hacer, para obtener la gracia, y por todo eso, me la negaste».

-**Increase Mather**

Si hoy en día alguien le acusara de ser una bruja, usted podría lanzarle una mirada extraña y quizás incluso soltar una risa nerviosa, pero en 1692, en Salem, Massachusetts, esas cosas no eran para nada motivo de risa. Las brujas no eran recortes de cartón de un mundo imaginario de Halloween; para los puritanos, las brujas y el concepto de brujería eran bastante reales. Para comprobar que las brujas eran una fuerza a la que había que enfrentarse, se fijaron nada menos que en los relatos bíblicos sobre brujería, como cuando el rey de Israel, Saúl, consultó a la bruja de Endor.

En el Antiguo Testamento, hay un claro relato de brujería que tiene lugar cuando un rey Saúl muy atribulado busca invocar el espíritu del profeta muerto Samuel. Anteriormente, Samuel había sido la luz que guiaba al rey Saúl, pero después de su muerte, el rey Saúl cayó en tiempos difíciles y buscó consejo. A pesar de que Dios había prohibido la práctica de lo oculto, Saúl, en su desesperación por obtener respuestas, se reunió en secreto con una bruja que —según la Biblia— logró invocar el espíritu de Saúl.

El profeta no se alegró demasiado al ver perturbado su descanso y reprendió a Saúl por utilizar las artes arcanas para encontrar respuestas a sus problemas. Este relato bíblico indica que la brujería y la hechicería son reales, solo que Dios ha prohibido que los seres humanos se dediquen a ellas. La Biblia advierte enérgicamente contra la intromisión de los seres humanos en fuerzas que podrían ser demasiado poderosas para comprenderlas plenamente.

Dicho esto, los puritanos habrían utilizado la Biblia como referencia al considerar la posibilidad de una bruja de la vida real en su entorno en Salem. Los puritanos creían en las escrituras, y dado que las escrituras indican que las brujas son reales y, en algunos casos, pueden incluso invocar espíritus de los muertos, los puritanos, por lo tanto, creían que esto también era real. Y como las escrituras condenan claramente la práctica de estas artes oscuras, los puritanos condenaban igualmente a cualquiera que sospechara de brujería.

Y en el remoto y escarpado mundo en el que vivían, a última hora de la noche, cuando el viento soplaba entre los árboles y se oía a los animales corretear, no era difícil imaginar que las brujas podían andar sueltas. Los puritanos creían en las fuerzas del bien y del mal. Creían que algunos estaban influenciados por el mal, pero otros tenían el bien de su lado. Por supuesto, estas creencias dependían totalmente de la perspectiva de la otra persona. El predicador puritano Samuel Parris, por ejemplo, pensaba que estaba del lado del bien.

Parris había fundado una iglesia puritana en la aldea de Salem en 1689. Es importante señalar la distinción entre lo que entonces se conocía como la aldea de Salem y la ciudad de Salem. Ambas zonas forman parte de Salem, pero representan dos secciones muy diferentes del asentamiento. La ciudad de Salem estaba situada en la orilla oriental de Salem propiamente dicha, y contaba con un bullicioso puerto en el que se comerciaba con todo tipo de mercancías a través del Atlántico. Debido al éxito comercial de la ciudad de Salem, muchos de los individuos más acaudalados de Salem empezaron a afluir a este distrito.

La sección de Salem conocida como la aldea de Salem, sin embargo, era mucho más atrasada, con viviendas destartaladas. Tras un periodo de decadencia, pasó a ser conocida como un refugio para las clases más pobres. La vida en la aldea de Salem era mucho más dura que la de quienes vivían cerca del puerto en la ciudad de Salem. La mayoría de los residentes de la aldea de Salem eran agricultores, y cuando sus granjas no producían suficientes ingresos para salir adelante, a menudo recurrían a la religión en busca de respuestas. ¿Había un juicio divino que explicara estos fracasos de las cosechas? No habría sido nada raro que alguien en la aldea de Salem pensara así.

La iglesia fundada por Samuel Parris habría sido el principal punto de atención para la mayoría de los aldeanos de Salem. Recurrían a su pastor para que los guiara en tiempos de penuria y dificultad, y también lo hacían para que los guiara moralmente y les indicara cómo debían comportarse.

Después de ser instalado como el nuevo árbitro de la moralidad en la aldea de Salem, Samuel Parris desarrolló rápidamente una reputación de ser un disciplinario estricto y severo. Algunos estaban resentidos por este hecho, especialmente algunos de los recién llegados a la aldea de Salem, pero Parris se mantuvo firme. Y para algunos, en lugar de ser repelidos por sus prédicas, se sintieron atraídos por ellas. Eran tiempos difíciles e inciertos. Nueva Inglaterra todavía se estaba recuperando de las depredaciones desenfrenadas de la guerra del rey Felipe, junto con los recientes estragos de la guerra del rey Jacobo II con los franceses, junto con el orden siempre cambiante de cómo se administraban las colonias. Los puritanos seguían teniendo influencia, pero ya no eran la única autoridad.

Fue en medio de toda esta incertidumbre que la gente comenzó a buscar literalmente señales del diablo en el trabajo. Y cuando Samuel Parris subió al púlpito y afirmó que el diablo estaba "en sus casas", que el diablo estaba en "sus granjas" e incluso "en su iglesia", ¡le creyeron! El propio Parris se convertiría entonces en el centro del mal del que tanto hablaba cuando su hija Betty, de nueve años, y su sobrina Abigail Williams, de once, parecieron ser afligidas por una fuerza invisible. Gritaron, cayeron al suelo, se retorcieron y rodaron por el suelo, afirmando que algún ente invisible las mordía, arañaba y golpeaba. Todo el pueblo estaba en alerta por estos sucesos, especialmente después de que Cotton Mather, el hijo de Increase Mather, publicara su famoso libro *Memorable Providences*, en el que se analizaban en profundidad los supuestos signos de brujería.

En los siglos transcurridos desde que estas jóvenes sufrieran estos hechizos y ataques, muchos han tratado de averiguar qué podría haber provocado todo esto. La explicación más común que se ofrece hoy en día es que las chicas simplemente fingían su aflicción para llamar la atención. Estas chicas vivían una vida solitaria y monótona. Criadas en el duro territorio fronterizo norteamericano, sus días consistían en una larga lista de tareas y trabajos manuales en torno a la casa y la propiedad circundante. Lo mejor que podían esperar en la vida era casarse bien, ya que un hombre con medios podría aliviar sus cargas en sus últimos años. Estas chicas se levantaban temprano, trabajaban duro, rezaban sus oraciones y se acostaban temprano antes de volver a empezar su rutina. Tal vez ansiaban salir de la monotonía y deseaban ser el centro de atención. No es difícil entender por qué se sentían así, pero sí es sorprendente que llegaran a semejantes extremos para conseguirlo.

Sin embargo, si todo el asunto era realmente una estratagema para llamar la atención, lo más probable es que las chicas estuvieran atrapadas en su propio juego y fueran incapaces de admitir la verdad para no ser castigadas severamente por su engaño. Es muy posible que todo el asunto se haya salido de control y que, una vez iniciada la travesura, nadie —ni siquiera las que estaban detrás— haya podido detenerla.

Intentando frenéticamente obtener respuestas de las jóvenes sobre lo que ocurría, Parris se enteró de que habían estado participando en actividades supersticiosas con su sirvienta, una vieja nativa americana llamada Tituba. Afirmaron que Tituba había realizado actos de adivinación, como dejar caer un huevo en un vaso de agua y luego interpretar lo que podría significar la yema de huevo coagulada. Estas cosas probablemente nos parezcan una tontería hoy en día, pero en aquel entonces, era un gran problema. Y cuando el reverendo Parris se enteró de que otras dos chicas de Salem, Ann Putnam Jr. y Betty Hubbard, mostraban aflicciones similares, la gente empezó a pensar que todo el pueblo estaba repentinamente asediado por fuerzas oscuras. Otro par de chicas les siguieron a Ann y Betty, Mary Walcott y Mercy Lewis, que también se presentaron con los mismos síntomas.

El hecho de que tantas chicas se presentaran hace que la idea de que estaban mintiendo para llamar la atención sea un poco más difícil de sostener. Esto no quiere decir que las chicas no hayan fingido; ciertamente podrían haberlo hecho. Es muy posible que todas tuvieran los mismos grupos de amigos y que se confiaran entre ellas lo que planeaban hacer. La familia Putnam, por ejemplo, era bastante cercana al reverendo Parris y su familia, por lo que no sería difícil imaginar a estas chicas reuniéndose para discutir lo que iban a hacer.

Pero, sin embargo, cuantas más chicas embrujadas se añaden a la mezcla, más difícil es decir con certeza que cada una de ellas estaba simplemente montando un espectáculo para los aldeanos. Con tantas chicas comportándose de esta manera, se pasa de un par de chicas engañando a sus mayores a una trama mucho más elaborada de varias chicas trabajando en conjunto. De nuevo, esto podría ser perfectamente el caso, pero ciertamente complica las cosas.

Por otra parte, existen otras explicaciones que se han ofrecido. Porque mientras algunos creen que las chicas se lo estaban inventando todo para llamar la atención o incluso como medio para arremeter contra los aldeanos que no les gustaban, otros han teorizado que tal vez sufrían una enfermedad mental o incluso una aflicción común provocada por algún tipo de intoxicación alimentaria que les hizo alucinar a todas. Y aunque probablemente sea la premisa menos popular en los tiempos modernos, hay quienes todavía podrían considerar que tal vez alguna fuerza sobrenatural realmente estaba en marcha.

En cualquier caso, mientras las chicas "embrujadas" seguían hablando con los líderes del pueblo, la lista de personas a las que acusaban seguía creciendo. Y para febrero de 1692, tenían a tres mujeres en la mira. Junto con Tituba, también acusaron a una señora llamada Sarah Good, que era esencialmente una mendiga sin recursos que dependía de la amabilidad de sus vecinos para comer y tener un techo. Otra mujer a la que acusaron de bruja fue Sarah Osborne, una mujer que solía quedarse en casa sin ir a la iglesia, algo que estaba mal visto por los habitantes del pueblo.

El punto en común entre estas tres mujeres era que todas estaban al margen de la sociedad puritana. La sirvienta Tituba, debido a sus antecedentes y a su condición de sirvienta, era una obvia forastera para los puritanos. Sarah Good era alguien que no trabajaba y que iba de casa en casa. Era objeto de desprecio entre sus compañeros. Al principio procedía de una familia acomodada, pero después de que su padre, un adinerado posadero, se suicidara unos veinte años antes, Sarah Good pasó por momentos difíciles y nunca se recuperó del todo.

Sarah Osborne tenía un pasado complicado y lo que muchos de sus vecinos consideraban "escandaloso". En un tiempo, fue un miembro destacado de la comunidad, y ella y su marido, Robert

Prince, eran propietarios de unos 150 acres de tierra de cultivo. Tras la muerte de su marido, Sarah sorprendió a sus vecinos al sacar unas quince libras (dinero británico) para "comprar" a un sirviente irlandés llamado Alexander.

Hoy en día muchos desconocen esta práctica, pero la servidumbre por contrato en aquella época era bastante común. Viajar de Gran Bretaña a Estados Unidos era caro, así que algunos que no tenían medios inmediatos para pagar su viaje acordaron firmar un contrato que les convertiría en siervos por contrato durante tantos años para poder pagar su viaje a través del océano. Al parecer, Alexander había accedido a un trato de este tipo, y pensaba trabajar para Sarah Osborne en régimen de servidumbre hasta saldar su deuda. Si esto no fuera suficiente para que los habitantes de Salem hablaran, lo que ella hizo una vez que él pagó su deuda realmente hizo que sus lenguas se movieran. Para su sorpresa, se casó con el joven. Esto hizo que los chismes del vecindario se desbocaran por una serie de razones, pero lo más importante es que se centraron en la percepción de que Sarah debía haber tenido una relación íntima con su sirviente antes de casarse con él. Imagínese a Sarah Osborne en el mercado local o sentada en un banco de la iglesia con los lugareños chismosos detrás de ella, susurrando lo que creían que era un escándalo de la mayor magnitud. Póngase en el lugar de Sarah Osborne, teniendo que sentarse y escuchar a la gente decir cosas como: «Oh, ¿has oído lo que hizo Sarah Osborne? Compró a un hombre por quince libras y luego se casó con él».

Sí, uno puede imaginarse lo difícil que fue para Sarah, tener que lidiar con este flujo constante de chismes. Fue tan difícil, de hecho, que dejó de asistir a la iglesia y a muchas otras reuniones sociales. Pero, como siempre ocurre, cuanto más se aislaba, más se hablaba de ella. Esto hizo que la gente especulara abiertamente y se preguntara a qué dedicaba su tiempo. Francamente, los habitantes del pueblo simplemente pensaban que era rara. Y los cotillas del pueblo quizás ya habían comentado abiertamente que era una bruja, así que probablemente no les sorprendió mucho que las chicas "embrujadas" proclamaran que así era.

En cualquier caso, al mes siguiente, las tres acusadas fueron llevadas a la cárcel para ser interrogadas. Aisladas y solas ante sus acusadores, se les hicieron las mismas preguntas repetitivas, como «¿Eres una bruja?» «¿Has visto al diablo?» «¿Qué te ha dicho el diablo?» y otras similares.

No importaba cuántas veces uno protestara que no era una bruja y que no hablaba con Satanás, los interrogadores persistían, tratando de que se quebraran bajo presión. En cuanto a una de las mujeres, Tituba, no fue nada difícil conseguir que admitiera que era una bruja. De hecho, Tituba no tardó en admitir abiertamente que practicaba todo tipo de brujería y magia. Es importante recordar que, debido a los antecedentes religiosos de Tituba, que incluían el chamanismo ancestral, algunas de sus creencias religiosas ancestrales se equipararían a la brujería a los ojos de los puritanos. E incluso si no se dedicaba a algunas de las cosas que afirmaba, parece que Tituba era lo suficientemente inteligente como para darse cuenta de que cuanto más les dijera a sus interrogadores, más contentos estarían, por lo que les complació de buena gana. Y sus relatos eran bastante increíbles de escuchar.

Dijo que una figura alta y oscura la visitaba en medio de la noche. Afirmó que también se transformaba en un "gran perro negro". Esta entidad demoníaca aparentemente comenzó a molestar a Tituba para que "firmara su libro" y la presionó para que le sirviera. Esta interacción parece provenir de una mezcla de tradiciones cristianas y ancestrales. Muchas tribus nativas americanas creen en seres que cambian de forma. La tradición navajo de los "caminantes de la piel", por ejemplo, es una de las manifestaciones más famosas de esta creencia.

Junto con esta entidad que cambia de forma, al menos según el relato de Tituba, había una especie de falsificación maligna del Libro de la Vida cristiano. Los cristianos creen que todos los que se salvan tienen su nombre escrito en el Libro de la Vida. Esta entidad demoníaca, sin embargo, supuestamente quería que Tituba firmara su nombre no en el Libro de la Vida, sino en un libro reservado para la muerte y los condenados. Un libro que ella dijo haber firmado con su propia sangre.

Lo más preocupante del testimonio de Tituba es el hecho de que implicó fácilmente a las otras mujeres acusadas. Si estuviera inventando cosas para salvarse, sería una cosa, pero también comenzó a afirmar abiertamente que Sarah Good y Sarah Osborne eran sus cómplices. Afirmó que ella y las otras dos mujeres habían montado por el aire en "palos" de madera. En otras palabras, afirmó que ella y las otras mujeres montaron en palos de escoba en la verdadera y clásica moda de las brujas. Tituba declaró: «Cabalgo sobre un palo o poste y Good y Osborne detrás de mí. Cabalgamos agarrándonos la una a la otra. No sé cómo vamos, porque no vi árboles ni camino, pero ya estaba allí».

Por muy fantásticas que fueran todas estas afirmaciones, no era difícil para los puritanos, impregnados de sus creencias religiosas, considerar que estos relatos eran ciertos. Todas estas mujeres estaban al margen de la sociedad, y las afirmaciones de que se dedicaban a las artes oscuras no eran demasiado sorprendentes para los puritanos de mente supersticiosa. Creer que una pobre mendiga, una marginada rechazada y una mujer indígena eran brujas no les habría resultado en absoluto complicado.

Pero el 11 de marzo de 1692, cuando las jóvenes embrujadas comenzaron a acusar a Martha Corey, una mujer puritana muy respetada, de ser una bruja, la situación se volvió francamente aterradora para los habitantes de Salem. Si Martha podía ser una bruja, entonces cualquiera podía serlo. Entonces, muchos empezaban a tomarse en serio las palabras del predicador puritano Samuel Parris, pues parecía que el mal acechaba realmente a la vuelta de cada esquina.

Lo interesante de Martha Corey es que fue una de las pocas personas del pueblo que expresó su preocupación de que tal vez las chicas estuvieran inventando cosas. Se había preguntado abiertamente si las afirmaciones de las jóvenes eran más producto de la fantasía que de sucesos sobrenaturales reales. Poco después de que expresara sus dudas sobre las afirmaciones de las chicas, estas se volcaron en ella y comenzaron a acusarla de ser también una bruja. Esto ha llevado a algunos a preguntarse si tal vez las niñas inventaron historias sobre Martha Corey como medio de venganza por su falta de creencia.

Al ser acusada, Martha Corey se mantuvo firme y declaró famosamente: «Nunca he tenido que ver con la brujería desde que nací». Sin embargo, no importaba cuántas veces negara ser una bruja; a pesar de todo, fue declarada como tal, y acabó perdiendo la vida como resultado de esta falsa (al menos la mayoría la consideraría falsa) acusación contra ella. Al final, a pesar de todos sus gritos de ser inocente de los cargos que se le imputaban, Martha Corey fue colgada en la plaza del pueblo aquel septiembre para que todos los puritanos la vieran. Esto provocó una gran conmoción en la comunidad puritana, y muchos empezaron a temer que sus vecinos se dedicaran a la brujería y que ellos mismos fueran acusados de ser brujos.

Muchos pronto se dieron cuenta de que la mejor manera de evitar las sospechas sería parecer que estaban activamente en la ofensiva contra las brujas. Pronto, casi toda la comunidad estaba ayudando a los líderes puritanos en la caza de brujas en Salem. Sí, la caza de brujas había comenzado realmente. Tanto las mujeres como los hombres fueron llevados para ser interrogados sobre sus rutinas diarias, con los interrogadores sondeando todos los aspectos de sus vidas, ya que se analizaba la posibilidad de que estos acusados pudieran estar buscando una audiencia con Satanás.

Por increíble que parezca, incluso los niños pequeños fueron acusados de brujería, y en un momento dado, la hija de Sarah Good, de cuatro años de edad, fue detenida acusada de ser una bruja. Pronto, la cárcel local estaba tan abarrotada que ni siquiera había suficiente comida para alimentar a todos los prisioneros. Por ello, algunos murieron de hambre antes de que su caso llegara a juicio. Otros murieron de enfermedades contagiosas que se contagiaron de otros prisioneros.

En mayo de 1692, el gobernador de Massachusetts, William Phips, convocó un tribunal que juzgaría a estas brujas acusadas, que se llamó Tribunal de Oyer y Terminer. Esta era una frase en latín que significa "escuchar y decidir". Es importante señalar que para esta época, las niñas ya no eran las únicas acusadoras de brujería. Amigos se habían vuelto contra amigos y vecinos contra vecinos para evitar que se les acusara. Las mujeres tampoco eran las únicas acusadas, ya que los hombres no se libraban de la caza de brujas. Sin embargo, las mujeres eran acusadas con más frecuencia que los hombres.

La primera en presentarse ante este tribunal fue una mujer llamada Bridget Bishop. Bridget, a todas luces, estaba en desacuerdo con la vida típica puritana. Era una mujer que parecía desobedecer a menudo las reglas y tradiciones puritanas. Era una bebedora empedernida, jugaba a los juegos de azar y le gustaba llevar ropa que desafiaba las convenciones puritanas. Sus acusadoras afirmaron que Bridget se les había dado a conocer en forma "espectral". Las chicas afirmaban que Bridget les enviaba su espectro invisible y las golpeaba, pateaba, mordía y atormentaba de alguna manera. Afirmaron que lo hacía incluso mientras declaraba en la sala del tribunal frente a los magistrados.

Los magistrados exigieron saber cómo Bridget se presentaba ante las niñas en forma espectral y cómo les infligía semejante tormento. Se lanzaron todo tipo de acusaciones contra Bridget. Entre otras cosas, también se afirmó que Bridget tenía la extraña habilidad de "transformarse en gato". Como se mencionó anteriormente, el concepto de cambio de forma, junto con el de montar en escoba, se había convertido en una faceta establecida de la tradición de la brujería.

Al enterarse de los cargos que se le imputaban, Bridget, por supuesto, estaba tan confundida como los demás, e insistió en que no sabía de qué estaban hablando. A pesar de sus protestas de inocencia, la colgaron de todos modos. De hecho, fue la primera persona en ser asesinada durante los juicios, muriendo en la horca en junio de 1692.

Lo interesante de la forma en que los puritanos llevaron a cabo los juicios a las brujas de Salem es el hecho de que fomentaron las confesiones falsas. Las que confesaban abiertamente ser brujas solían ser perdonadas, mientras que las que proclamaban firmemente su inocencia solían ser asesinadas. Irónicamente, fueron los mismos principios puritanos de honestidad los que llevaron a muchos hombres y mujeres inocentes a la tumba. Los menos íntegros estaban dispuestos a mentir sobre su condición de brujos, e incluso sobre la de otros, si eso significaba que se les perdonara la vida.

Las puritanas verdaderamente honestas y devotas, por su parte, no afirmaban falsamente que eran brujas, aunque su vida, literalmente, dependiera de ello. Bridget Bishop, por ejemplo, afirmó su inocencia hasta su último aliento, proclamando: «No he hecho ninguna brujería. Soy tan inocente como un niño no nacido». Sin embargo, por mucho que hoy tendamos a simpatizar con estas víctimas de los juicios a las brujas de Salem, es importante señalar que sus acusadores a menudo creían con la misma firmeza en su causa, por muy ilusoria que nos parezca hoy. Así lo demuestra una carta enviada por Cotton Mather a su tío, John Cotton Jr., que parecía ensalzar la virtud de lo que estaba ocurriendo en ese momento. Mientras los juicios por brujería se calentaban, Cotton Mather escribió: «Nuestro buen Dios está obrando milagros. Cinco brujas fueron ejecutadas recientemente. Inmediatamente después, nuestro Dios envió milagrosamente a cinco brujas de Andover». Milagros en verdad.

Capítulo 6 - Los juicios a las brujas de Salem continúan y se produce una caza de brujas puritana

«Es absurdo pensar que algo en nosotros pueda tener la menor influencia en nuestra elección. Algunos dicen que Dios previó que tales personas creerían, y por lo tanto las eligió; así que harían que el asunto de la salvación dependiera de algo en nosotros. Mientras que Dios no nos elige por fe, sino para la fe. "Nos ha elegido para que seamos santos" (Efesios 1:4). No porque queramos ser santos, sino para que seamos santos. Somos elegidos para la audacia, no para ella».

-Thomas Watson

A medida que avanzaban los juicios por brujería en Salem, pronto quedó claro que literalmente nadie estaba a salvo de ser acusado de brujería. Esto se puso de manifiesto cuando un ministro de la fe puritana, George Burroughs, fue acusado de ser un brujo. Y no solo se le acusó de ser brujo, sino también de ser un supuesto "cabecilla de brujas". Habría sido bastante malo ser una bruja, ¿pero ser su cabecilla?

Puede que entre los puritanos hubiera algunos que no se preocuparan por él, pero era un ciudadano honrado según sus propios criterios. Esto hizo que las acusaciones contra él fueran aún más impactantes. George Burroughs fue llevado a un interrogatorio ante los jueces puritanos en abril de 1692.

Los indicios de encantamiento que presentaron sus acusadores eran un poco extraños, por no decir otra cosa. Uno de ellos afirmaba que George había exhibido recientemente "hazañas inhumanas de fuerza" debido a que era capaz de levantar un mosquete "introduciendo el dedo en el cañón". También se le criticó por no bautizar a sus hijos, entre otras cosas. Algunos incluso afirmaban que Burroughs tenía indudablemente la habilidad de volar como bruja. Todo lo que la gente tenía que hacer era imaginarse a Burroughs encaramado a una escoba o con el dedo en un mosquete, y creían que podía ser un brujo.

Al final, George Burroughs fue llevado a la horca y colgado el 19 de agosto de 1692. Justo antes de su muerte, se le oyó recitar el Padre Nuestro. El hecho de que lo hiciera con éxito era importante, ya que los cazadores de brujas afirmaban que alguien que fuera brujo sería incapaz de hacerlo. Algunos en la multitud estaban consternados por esto y se preguntaban abiertamente si tal vez Burroughs era inocente después de todo. Sin embargo, el incendiario predicador puritano Cotton Mather estaba en la escena y se apresuró a recordar a todos que Burroughs había sido, en sus palabras, «condenado en un tribunal».

Los juicios por brujería de Salem sirven como recordatorio de que un "tribunal de justicia" fuertemente sesgado por la opinión pública y los instintos mafiosos no siempre es un tribunal de justicia. Al menos en un caso, cuando una mujer acusada con el nombre de Rebecca Nurse fue declarada inocente, el juez anuló al jurado y declaró que era culpable. Rebecca había sido acusada por una poderosa familia puritana que le guardaba rencor y, al parecer, su palabra se consideraba mejor que la de ella. O, para el caso, incluso la palabra de unas treinta y nueve personas que pusieron sus nombres en una petición, exigiendo su liberación. La petición contenía una declaración que decía: «Nunca tuvimos ningún motivo o razón para sospechar de ella [Rebecca Nurse] de nada de lo que ahora se le acusa». Sin embargo, ella también fue ejecutada.

El hecho de que el juez que presidía el tribunal, William Stoughton, interviniera nos dice algunas cosas. Nos muestra que este juicio con jurado no fue justo en lo más mínimo, pero también indica que los responsables sabían que si Rebecca Nurse era declarada inocente, serviría para deslegitimar muchos otros casos. Esto se debe a que las chicas embrujadas habían seguido con sus travesuras, afirmando que Nurse las atacaba espectralmente al igual que a todas las demás. Si las chicas que acusaron a Nurse se equivocaron de algún modo, o peor, mintieron descaradamente, ¿qué significaba eso para todas las demás personas a las que habían acusado tan dramáticamente antes de Nurse?

Los responsables sabían que si Rebeca Nurse quedaba libre de culpa, se extendería la duda sobre si otras personas habían sido acusadas erróneamente. Sabían que esto crearía un efecto dominó de dudas, y no sabían cómo podrían manejarlo. Obviamente, se daban cuenta de que lo que hacían no era correcto, pero ellos mismos estaban atrapados en la trampa como todos los demás y no sabían muy bien cómo salir de ella. Aunque Nurse sería ahorcada por su supuesto crimen, su nombre sería exonerado no más de veinte años después.

Y en lo que respecta a George Burroughs, Cotton Mather, subido a su caballo, declaró que hasta el mismo diablo era capaz de transformarse "en un ángel de luz" y que sería prudente, por tanto, no dejarse convencer por las proclamas de inocencia de un acusado. Sin embargo, a pesar de la insistencia de Mather, pronto quedó claro que se había cometido una grave injusticia. De hecho, el gobierno de la provincia de la bahía de Massachusetts (sucesora de la colonia de la bahía de Massachusetts) limpió más tarde el nombre de Burroughs y dio a la esposa viuda de este unas cincuenta libras como compensación.

Cotton Mather nunca se disculparía por su papel en todo esto. El propio Mather estaba quizás tan atrapado en la histeria de la época como todos los demás. En muchos sentidos, Mather era un hombre increíblemente inseguro. Pasó la mayor parte de su vida intentando estar a la altura del alto nivel de éxito y respeto que tanto su padre, Increase Mather, como su abuelo, el famoso predicador John Cotton, habían cosechado durante su vida.

El apellido Mather era muy conocido en Nueva Inglaterra, y Cotton Mather se había acomplejado un poco en su intento de llenar esos zapatos tan grandes. También desarrolló un pronunciado tartamudeo. Se dice que su tartamudez era tan grave en su juventud que le impidió incorporarse inmediatamente al ministerio. En su lugar, se orientó hacia la medicina. Al parecer, Cotton consiguió controlar su tartamudez y se abrió paso en el ministerio al igual que sus antecesores.

Sin embargo, muchos pensaron que no estaba a la altura de su padre, y Cotton Mather estaría plagado de dudas durante gran parte de su vida. Como muchos historiadores han señalado, fue esta mezcla de un hombre con algo que demostrar y la incertidumbre que se vivía en Salem en ese momento lo que podría haber sido la receta perfecta para el desastre.

En el otoño de 1692, los residentes puritanos de Salem comenzaron a tener serias reservas sobre lo que estaba sucediendo. El propio padre del mencionado Cotton Mather, Increase Mather, incluso se pronunció en contra de los juicios por brujería. Aquel mes de octubre, declaró audazmente: «Es mejor que escapen diez sospechosos de brujería, que una persona inocente sea condenada [ejecutada]».

Muchos empezaron a sospechar que algunas de las descabelladas acusaciones que se hacían no se debían más que a mezquinos rencores. Y en algunos casos, se hacían solo para obtener tierras de aquellos a los que acusaban. Sarah Osborne, en particular, fue blanco de Ann Putnam en parte porque su familia deseaba tomar algunas de las tierras de Osborne. Al parecer, la familia Putnam tenía una disputa pendiente con Osborne sobre los límites de su propiedad y creía que Sarah Osborne había invadido sus tierras. La excusa de la brujería se presentó entonces convenientemente como una razón para quitarle las tierras a la anciana.

Solo cuando el propio gobernador Phips se preocupó lo suficiente como para supervisar personalmente los juicios, las cosas empezaron a cambiar. El 12 de octubre de 1692, el gobernador Phips finalmente intervino y puso fin a lo que estaba sucediendo. Después de detener los juicios, Phips insistió en que debía haber pruebas claras de que alguien había cometido brujería para que fuera procesado. Phips declaró que las pruebas de oídas de una persona que se inventara afirmaciones sobre otra ya no serían admisibles en los tribunales. Ya no habría afirmaciones descabelladas de "pruebas espectrales". Ahora, solo pruebas claras y concretas serían admisibles en los juicios de brujas de Salem. Bajo esta nueva norma, pronto fue obvio que casi todos los detenidos estaban siendo encarcelados sin ninguna prueba de ningún delito.

Por ello, cuando los juicios volvieron a convocarse en 1693, casi todos los prisioneros de los juicios de brujas de Salem tuvieron que ser liberados. El gobernador Phips se aseguró entonces de que todos los que seguían entre rejas acusados de brujería fueran oficialmente liberados en mayo de ese año, declarando que se había producido una grave injusticia en esta colonia puritana. Considerando el hecho de que al menos veinte personas murieron como resultado directo de esta parodia de justicia, esto no era en absoluto una exageración.

E incluso los que fueron liberados y sobrevivieron al tumulto acabaron marcados de por vida, tanto por lo que habían pasado como por la persistente sospecha que pesaba sobre ellos. Aunque muchos sobrevivieron a los juicios, se cree que unas doscientas personas fueron acusadas; es decir, doscientas personas que fueron liberadas de nuevo en la comunidad, preguntándose por qué su vecino se volvió contra ellos. Es muy posible que algunos vecinos siguieran pensando que los liberados podían ser brujos y pasaran el resto de sus vidas buscando más pruebas. Como se ha mencionado anteriormente, algunas de las familias que fueron víctimas de los juicios de brujas de Salem fueron posteriormente compensadas económicamente. Sin embargo, para las familias que se vieron directamente afectadas por esta purga puritana, todas las libras del mundo probablemente no fueron suficientes cuando se trataba de las vidas de los seres queridos que se habían perdido.

El frenético fanatismo de los juicios a las brujas de Salem parecía mostrar todo lo que los críticos habían considerado durante mucho tiempo que estaba mal con los puritanos. Querían ser una ciudad pura y brillante sobre una colina apartada de los demás. Pero al menos en lo que se refiere a Salem, en su búsqueda de la pureza farisaica, en lugar de destacar como ejemplo de lo que otros deberían hacer, destacaron como ejemplo de lo que una sociedad no debería hacer.

Incluso ahora, los juicios por brujería de Salem y, por supuesto, la caza de brujas en general se han convertido en sinónimo de persecución y de señalamiento injusto de grupos e individuos. Si hoy en día alguien afirma que una investigación se ha convertido en una "caza de brujas", quiere decir que se trata de una investigación sesgada e injusta. Y el significado de esa frase proviene de los juicios de brujas de Salem.

El famoso dramaturgo Arthur Miller escribió su propia interpretación de los juicios de brujas de Salem con su obra clásica *El crisol*. La pieza fue escrita en la década de 1950, cuando el pánico del

"Temor rojo" (el miedo al auge del comunismo que principalmente encontró su hogar en Estados Unidos) estaba en su punto álgido. El telón de acero había caído sobre Europa y las dos superpotencias, Estados Unidos y la Unión Soviética, se encontraban a ambos lados de la línea divisoria con armas nucleares que destruían el mundo y se apuntaban mutuamente.

Quienes vivían en Estados Unidos en la década de 1950 vivían en tiempos muy inciertos, como los puritanos de Salem. Nadie sabía cuándo podría caer la bomba, y junto a esta amenaza externa, existía un considerable temor a que el enemigo echara raíces en el interior. Estos temores no eran del todo infundados, ya que se descubrieron espías rusos en varias tramas de espionaje dirigidas a los Estados Unidos. Fueron estos espías rusos los que se convirtieron en el nuevo hombre del saco.

Al igual que en Salem, de repente había una bruja en cada esquina. En gran parte de Estados Unidos en la década de 1950, casi todo el mundo podía ser sospechoso de ser un comunista o un simpatizante comunista. Y una vez que el Comité de Actividades Antiestadounidenses (un grupo creado para perseguir a los subversivos comunistas) acababa con ellos, podían tener su reputación arruinada de por vida.

Aquellos que simplemente vieron arruinada su reputación fueron en realidad los afortunados, ya que otros pagaron con sus propias vidas. Críticos como Arthur Miller consideraron que el miedo a los comunistas y esta prisa por condenar a los sospechosos de subversión eran muy similares a lo que había ocurrido en Salem. Los juicios por brujería de Salem se habían convertido en un estándar al que los individuos de pensamiento crítico podían recurrir cuando sentían que los horrores de la historia se repetían una vez más.

Este fue un punto de inflexión definitivo, y los puritanos de Nueva Inglaterra nunca volverían a ser los mismos. No fue hasta el 14 de enero de 1697 que la legislatura de Massachusetts se sintió lo suficientemente culpable como para declarar un día de luto por los caídos de Salem. En una especie de servicio conmemorativo, los habitantes de la ciudad ayunaron y rezaron tanto por los que habían sido víctimas como por los que se habían aprovechado de ellas.

Fue en medio de esta efusión que el antiguo juez del juicio de brujas Samuel Sewall emitió una disculpa pública. Aunque parezca increíble, el incendiario predicador puritano Samuel Parris, que había provocado gran parte de este drama, no mostró ningún remordimiento. Sin embargo, muchos le responsabilizaron y, ante la presión de los miembros descontentos del rebaño, Parris optó por abandonar Salem.

Sin embargo, el colectivo herido de Salem necesitaba algún tipo de cierre. Tenía que haber un ajuste de cuentas final, un ajuste de cuentas con lo que había sucedido. Y en 1702, los supervivientes puritanos presentaron una petición formal para solicitar a los tribunales coloniales que les concedieran una "restitución formal" para poder limpiar su nombre. Al igual que los que fueron tachados de comunistas en la década de 1950, las personas que habían sido etiquetadas como brujas en la década de 1690 se habían convertido en parias sociales. Incluso después de ser liberados, su reputación estaba en ruinas. Los supervivientes sentían que alguien tenía que aclarar las cosas de una vez.

Lo más que hicieron los tribunales locales fue introducir una legislación que prohibía expresamente las pruebas espectrales. Phips ya había prohibido su uso durante los juicios de brujas de Salem, pero ahora, estaba en la legislación oficial para que todos vieran que las llamadas pruebas espectrales no eran ninguna prueba. Se esperaba que esta declaración sirviera para reivindicar retroactivamente a los acusados injustamente, ya que la forma de "prueba" que se había utilizado contra ellos había quedado anulada.

Tal vez la mayor reivindicación llegó en 1706, cuando una Ann Putnam mayor y más sabia admitió haber acusado falsamente a sus compañeros puritanos. Por muy duro que fuera para ellos, estos puritanos agraviados utilizaron el principio cristiano más importante de todos —el perdón— y fueron capaces de llegar a un acuerdo con Ann, a pesar de que ella los había utilizado tan rencorosamente.

La anciana Tituba, que sobrevivió a sus propias acusaciones de brujería, también expresó su remordimiento en su papel de acusadora de las otras mujeres. En un testimonio posterior, afirmó que fue amenazada y coaccionada por el predicador puritano Samuel Parris. A instancias de las chicas que acusaban a Tituba de practicar la brujería, Parris había exigido saber todo sobre sus tratos con el diablo. Tituba afirmó que fue la amenaza de la fuerza física lo que le hizo dar un falso testimonio.

Incluso este terrible episodio, visto a través de la lente puritana, fue una experiencia de aprendizaje y una cuestión de fe.

Capítulo 7 - Los puritanos en un período de decadencia y un momento de transformación

«Dios es el bien supremo de la criatura razonable. Disfrutar de Él es lo que nos corresponde; y es la única felicidad con la que nuestras almas pueden estar satisfechas. Ir al cielo, disfrutar plenamente de Dios, es infinitamente mejor que los alojamientos más agradables de aquí. Mejor que los padres y las madres, los maridos, las esposas o los hijos, o la compañía de cualquiera o de todos los amigos terrenales. Estos no son más que sombras; pero disfrutar de Dios es la sustancia. Estos no son más que rayos dispersos; pero Dios es el sol. Estos no son más que arroyos, pero Dios es la fuente. Estas no son más que gotas, pero Dios es el océano».

-Jonathan Edwards

Los puritanos de Inglaterra demostraron tener una vida útil mucho más corta que los puritanos del Nuevo Mundo. Los puritanos alcanzaron su apogeo bajo el mandato de Oliver Cromwell, pero tras la muerte de este, se enfrentaron a una reacción violenta por lo que se percibía como su papel no solo en la muerte del rey Carlos II, sino también en la posterior tiranía de Cromwell. Después de la restauración de 1660, los protestantes puritanos de Inglaterra se encontraban con un soporte vital como movimiento. La voluntad popular estaba en contra de estos puritanos como nunca antes.

Realmente, se puede decir que el final de los puritanos como movimiento definitivo en Gran Bretaña se remonta al año 1662, pues fue ese año cuando el Parlamento británico ratificó la llamada Acta de Uniformidad. Esta ley estipulaba que todas las iglesias de Inglaterra debían adherirse a las formas de oración, culto, sacramentos y otros rituales oficialmente sancionados, tal como se estipulaba en el *Libro de Oración Común*. Después de esta declaración, más de mil ministros puritanos hicieron saber que no seguirían el Acta de Uniformidad. Todo lo que esto consiguió para ellos fue su inmediata expulsión de sus iglesias. De ahí en adelante, todos los ministros tenían que mostrar evidencia de que un obispo oficialmente sancionado les había dado la ordenación apropiada. No había forma de evitarlo. En los días inmediatos a su expulsión, muchos ministros se derrumbaron y volvieron a la iglesia estatal inglesa, dispuestos a conformarse.

Los que decidieron continuar con su disidencia (llamados disidentes) quedarían fuera de los asuntos oficiales de la iglesia durante un siglo y medio. No solo eso, sino que también fueron excluidos de las dos principales instituciones educativas —Oxford y Cambridge— así como de otras ramas de la educación pública. Uno se pregunta si los puritanos que permanecieron así al margen se consideraron perseguidos por la "Bestia" del Apocalipsis. Cada siglo, parece haber grupos cristianos que llegan a creer que están siendo condenados al ostracismo y, como dice el Libro del Apocalipsis, no pueden comprar ni vender ni hacer casi nada sin tomar la marca de la bestia.

Para los puritanos de finales de 1600, esa "marca" puede muy bien haber llegado a representar la llamada a conformarse con el libro de oraciones del estado. Sin embargo, por mucho que se les excluyera de las discusiones del gobierno, los disidentes privados de derechos recibieron cierta ayuda cuando el Partido Whig británico se opuso a estas políticas religiosas de la corte y, en su lugar, argumentó que los llamados disidentes debían poder tener sus propios servicios de culto separados de la Iglesia de Inglaterra.

Estos esfuerzos condujeron finalmente a la Ley de Tolerancia de 1689. Esto permitió a los disidentes, que finalmente se llamarían no conformistas en el siglo XVIII, tener sus propias iglesias. Sin embargo, el puritanismo como movimiento en Inglaterra ya era prácticamente inexistente. En Norteamérica, en cambio, tras la debacle de los juicios por brujería de Salem en 1692, los puritanos sufrieron una dramática transformación.

Durante la década de 1690, los puritanos eran cada vez más conocidos como congregacionalistas. Estas congregaciones se centraban en asociaciones clericales, que servían "para la confraternidad y la consulta". La Asociación de Cambridge, en Massachusetts, fue una de las primeras, fundada en 1690. Aquí, los ministros puritanos se reunían y consultaban entre sí en el mismo campus de la Universidad de Harvard. Allí celebraban debates y se consultaban sobre los últimos acontecimientos en sus congregaciones. En el fatídico año de los juicios por brujería de Salem, 1692, se fundaron otras dos congregaciones, y luego se creó una quinta en 1705.

En el siglo XVII, Estados Unidos estaba en las garras de la nueva línea de pensamiento más racional que era una marca registrada de la llamada Ilustración que se estaba abrazando en ambos lados del Atlántico. Esta adopción de la lógica condujo a un descenso del interés religioso, lo que hizo que muchos líderes puritanos anhelaran un renacimiento. El líder de la Iglesia Congregacional, Jonathan Edwards, consiguió provocar uno con su rebaño en Northampton, Massachusetts, en 1735, y más tarde escribió sobre el aumento local del celo religioso en su obra *Fiel relato de la sorprendente obra de Dios en la conversión de muchos cientos de almas en Northampton.*

Jonathan Edwards procedía de una larga estirpe de trabajadores. Su tatarabuelo era un predicador británico que pereció durante una epidemia en Londres en 1625. Su esposa viuda acabó casándose con un hombre llamado James Cole, que la llevó a ella y a su hijo, William, a las colonias recién fundadas que estaban surgiendo en Nueva Inglaterra. William Edwards creció y echó sus raíces en Hartford, Connecticut, donde su hijo Richard vino al mundo en 1647. Richard se casó y tuvo seis hijos, uno de los cuales, Timothy Edwards, nació en 1669.

Timothy llegaría a ser un predicador puritano en mayo de 1694, y se casó con una mujer llamada Esther el otoño siguiente. De esta unión nació Jonathan Edwards el 5 de octubre de 1703. Jonathan fue educado de cerca por su padre Timothy, quien, además de ser un predicador puritano, también dirigía una especie de escuela primaria para los niños de la zona. Los trabajos escolares de Jonathan Edwards en su juventud nos dan una idea de lo brillante que era su mente. Desde muy joven, escribía tratados enteros sobre todo tipo de temas, desde el espectro de colores del arco iris hasta la naturaleza del alma. Su trabajo sobre la luz refractada del arco iris se inspiró, al parecer, en sus estudios sobre una de las grandes mentes de la Ilustración, el científico británico Isaac Newton, cuya innovadora obra *Opticks* cambió gran parte de lo que el mundo científico entendía en aquella época. Sin embargo, fue el trabajo académico de Edwards sobre la naturaleza del alma el que demostró que podía profundizar en asuntos del espíritu con la misma facilidad que en asuntos de la ciencia.

Con la fuerza de estos dos impulsos intelectuales, Jonathan Edwards ingresó en Yale en septiembre de 1716. Edwards terminó su curso universitario en el otoño de 1720 antes de embarcarse en una carrera ministerial en 1722. Su primer trabajo como ministro se produjo en realidad en una iglesia presbiteriana de Nueva York. Como se ha señalado anteriormente, los presbiterianos y los puritanos siempre tuvieron mucho en común, y el hecho de que este predicador de acérrima estirpe puritana predicara en una iglesia presbiteriana no es en absoluto inusual. De hecho, Edwards no veía nada en la doctrina presbiteriana que fuera en contra de sus propias convicciones y fe como puritano. De nuevo, es importante darse cuenta de que el puritanismo no se define exactamente como una denominación, sino que era un movimiento y una mentalidad dedicada a mantener las creencias cristianas "puras" de los vestigios del catolicismo. Dicho esto, si uno tuviera que ver el puritanismo como una denominación, serían los presbiterianos los que tendrían más en común con ellos. Después de todo, los presbiterianos de esta época compartían las mismas creencias calvinistas que los puritanos. Tanto los puritanos como los presbiterianos creían en la predestinación y en lo que esa creencia implicaba, por lo que Edwards sin duda se sentía en buena compañía. Sin embargo, la estancia de Jonathan Edwards en esta iglesia presbiteriana sería breve, y acabaría dejando la parroquia presbiteriana en abril de 1723.

Su siguiente destino importante sería predicar en una iglesia de Northampton en 1726, donde recibió su ordenación en la primavera de 1727. Edwards no tardó en ganarse la simpatía de su rebaño y, tanto en los buenos como en los malos momentos, consiguió cautivarlos con sus sermones. En 1733, durante un año especialmente malo en el que la colonia se vio asolada tanto por las langostas en verano como por una epidemia de gripe en otoño, la aguda perspicacia de Edwards logró galvanizarlos como ningún otro.

De hecho, sus sermones eran tan sugerentes que le convencieron para que los escribiera y los publicara. Fueron estos sermones los que llegaron a la imprenta en 1734 bajo el título de *Una luz divina y sobrenatural, inmediatamente impartida al alma por el Espíritu de Dios, demostrada como una doctrina bíblica y racional*. Es un título muy extenso, pero sirve para resumir las creencias puritanas tradicionales de Jonathan Edwards en yuxtaposición con la tendencia hacia un pensamiento más racional y lógico que trajo la Ilustración. Aquí, Edwards defiende que el razonamiento racional por sí solo no siempre es suficiente. En un momento de su diálogo, Edwards afirma: «La experiencia muestra las cosas bajo una luz diferente a la que nuestra razón sugería sin experiencia».

De todo el tiempo que pasó estudiando el arco iris y la luz refractada, Edwards sabía que a pesar de poder mirar un arco iris de frente, uno podría concluir razonablemente que era una estructura sólida que descendía de los cielos. Sin embargo, la experiencia hace que uno se dé cuenta rápidamente de que eso no es así. Por eso, un niño de cuatro años podría correr por el campo en busca del final del arco iris, mientras que una persona de cuarenta años sabría por experiencia que no debe perder el tiempo.

En otras palabras, la razón no es infalible, y la lógica solo nos lleva hasta cierto punto; es nuestra experiencia la que puede guiarnos el resto del camino. Tras los juicios por brujería de Salem, una época en la que la superstición parecía correr como la pólvora, muchos se apartaron de apoyarse en su fe. Pero, en muchos sentidos, Edwards, con su enfoque único, consiguió que volviera a estar bien ser un pensador cristiano. Esto pareció abrir las puertas a un rebaño mucho más involucrado en su iglesia de Northampton.

Pero este avivamiento a pequeña escala en Northampton resultó ser solo un mero preludio del Gran Despertar que vendría. El movimiento religioso conocido como el Gran Despertar fue liderado por un predicador anglicano llamado George Whitfield (a veces escrito como Whitefield). Whitfield ya había sido un predicador de vanguardia en Inglaterra cuando dejó las costas británicas para ir a Norteamérica en agosto de 1739. Después de llegar a Norteamérica, Whitfield procedió a recorrer las colonias de Nueva Inglaterra en 1740. Predicó durante varios días a miles de personas en varios lugares. Como una estrella del rock religioso que actúa en conciertos con las entradas agotadas, Whitfield entusiasmaba a los que acudían a escucharle con su apasionada y a menudo teatral predicación de la Biblia. Whitfield no solo era un gran orador, pues también era bueno en la prensa, y se aseguró de que los periódicos escribieran sobre él y de que sus sermones tuvieran una amplia difusión en la página impresa.

Muchos puritanos se sintieron atraídos por los sermones de Whitfield, pero hay que tener en cuenta que el estilo de Whitfield y el contexto de su predicación a menudo diferían de la mayoría de las ideologías puritanas. Los puritanos de la vieja escuela valoraban la modestia y una vida de buenas obras externas, en la que daban buen ejemplo (basta pensar en la ciudad que brilla en una colina), mientras que Whitfield se centraba en los sentimientos internos, era apasionadamente emotivo y animaba a sus oyentes a expresarse a nivel emocional.

En lo que respecta a los puritanos que aceptaron este nuevo modo de expresión religiosa, se les denominó la "Nueva Luz" (como en las nuevas luces de la colina, quizás). Y a los que deseaban aferrarse a las viejas costumbres se les llamaba la "Vieja Luz". Durante los siguientes doscientos años, más o menos, estos dos bandos ideológicos se enfrentarían en la consideración de cuál debía ser el verdadero ideal puritano.

Fue a raíz de los juicios por brujería de Salem, cuando la lógica parecía faltar, y la Ilustración, en la que la lógica y la razón se convirtieron en el eje central, cuando surgieron estos dos polos del pensamiento puritano. Los sermones de Whitfield sirvieron como alternativa a la lógica y el razonamiento humano de la Ilustración, al tiempo que se alejaban del miedo y la superstición desenfrenados. Los sermones de Whitfield a menudo hacían hincapié en la necesidad de la ayuda de Dios cuando se trataba de nuestra corrupta naturaleza humana, así como en la furia de Dios sobre el pecado y la necesidad humana de arrepentirse.

Muchos líderes puritanos apoyaron el movimiento, pero algunos de la Vieja Luz se mostraron críticos, pues consideraban que la teatralidad de Whitfield simplemente iba demasiado lejos. Ahora había una brecha importante entre la Vieja Luz y la Nueva Luz, y esta división no se rectificaría hasta 1758. Fue el mismo año en que salió a la luz el *Pecado Original* de Jonathan Edwards, el mismo año en que este viejo abanderado puritano falleció, cuando los puritanos comenzaron a avanzar también.

Capítulo 8 - Los puritanos y patriotas de Nueva Inglaterra

«Debemos deleitarnos mutuamente, hacer nuestras las condiciones de los demás, alegrarnos juntos, llorar juntos, trabajar y sufrir juntos, teniendo siempre ante nuestros ojos nuestra comisión y comunidad en la obra, nuestra comunidad como miembros del mismo cuerpo».

-John Winthrop

En muchos sentidos, los puritanos siempre habían estado en primera línea en la lucha por la independencia de Estados Unidos de Inglaterra. De hecho, los primeros colonos de lo que entonces se conocía como Nueva Inglaterra hicieron de una mayor independencia de la madre patria un objetivo común. Los peregrinos que llegaron en el *Mayflower* suscribieron un pacto social entre ellos, ya que estaban decididos a definir de forma única su papel y cómo querían vivir exactamente. John Winthrop llegó una década más tarde, en 1630, con muchas más almas puritanas afines y llegó a declarar que la colonia de la bahía de Massachusetts que estaban estableciendo iba a ser nada menos que una ciudad brillante sobre una colina. Una ciudad que no solo Inglaterra, sino todo el mundo, podría contemplar con admiración y asombro.

En lugar de seguir la línea, los puritanos trataron de forjar un ejemplo brillante. Muchos sostienen que estas palabras fueron el comienzo de lo que se conoce como el excepcionalismo estadounidense, ese individualismo rudo que distingue a Estados Unidos del resto del mundo. Los puritanos tenían todo esto en mente siglos antes de que nadie se atreviera a romper oficialmente con Inglaterra. Fueron los puritanos quienes establecieron la norma que los Hijos de la Libertad y otros grupos independentistas de mediados del siglo XVII siguieron en su eventual lucha por la independencia de la Corona británica.

Jonathan Edwards, en particular, expresó la necesidad de liberarse de la carga que el poder británico había impuesto al concurso religioso en Norteamérica. Las denominaciones leales a la Iglesia de Inglaterra tuvieron obviamente un problema cuando estalló la Revolución estadounidense. Los cuáqueros también tuvieron problemas, ya que se comprometieron a ser pacifistas. En cambio, los puritanos no tuvieron ningún problema en apoyar a sus miembros en la rebelión contra los británicos.

De hecho, los puritanos habían estado prácticamente en estado de rebelión tanto con la Iglesia de Inglaterra como con el gobierno inglés todo el tiempo. Todas las posturas puritanas anteriores contra el gobierno británico sirvieron de modelo perfecto para aquellos que estaban dispuestos a llevar las cosas al siguiente nivel y romper con Inglaterra directamente. Para los puritanos, no había nada que perder y todo que ganar cuando se trataba de liberar finalmente a la brillante ciudad de la colina de la agresión autoritaria inglesa.

Los puritanos no solo inspiraron a los que estaban preparados para la revolución a nivel ideológico, sino que también los ayudaron en el mundo real al poner muchas botas puritanas sobre el terreno. Pero, sin duda, fueron las botas puritanas en la iglesia que rezaban continuamente por la ayuda de Dios para vencer a los opresores británicos las que tuvieron el mayor impacto en la guerra revolucionaria estadounidense, ya que fue esta presencia ideológica continua de los puritanos la que serviría para inspirar la resistencia continua a la Corona.

Boston, por supuesto, fue el centro del infame Motín del Té de Boston, en la que los patriotas estadounidenses arrojaron el té inglés al puerto en protesta por los excesivos impuestos. La propia ciudad de Boston fue fundada por puritanos. El Motín del Té de Boston, que tuvo lugar en diciembre de 1773, contó en su mayoría con la participación de hombres temerosos de Dios que deseaban sacudir las ataduras de lo que creían que era la tiranía británica. Hubo, por supuesto, algunos entre ellos cuyos motivos eran un poco menos puros. Algunos, sin duda, disfrutaron abriendo los cofres por la simple emoción del vandalismo, y unos pocos incluso se sirvieron de algunas hojas de té caras, metiéndolas en sus pantalones. Pero para la mayoría, lo que buscaban esa noche no era la anarquía y el robo descarado, sino un catalizador para inaugurar un cambio claro y concreto por parte de sus señores británicos.

El Imperio británico no solo había tratado de decirle a la gente cómo gastar su dinero y someterla a altos impuestos, sino que también les decía cómo debían adorar a Dios. Aquí fue donde los puritanos trazaron una línea en la arena y decidieron levantarse contra sus opresores. Los puritanos sabían, por su propia experiencia colectiva, que si tales transgresiones quedaban sin respuesta, el transgresor simplemente lo tomaría como una licencia para transgredir aún más.

Fue el día después de que Motín del Té de Boston siguiera su curso que un abogado llamado John Adams declaró que lo ocurrido no era una parodia. Para él, no fue un despilfarro arrojar el té al puerto, sino «el movimiento más magnífico de todos los tiempos». Además, declaró: «Hay una dignidad, una majestuosidad, una sublimidad, en el último esfuerzo de los Patriotas, que admiro enormemente».

John Adams fue uno de los padres fundadores de los Estados Unidos, y un día llegaría a ser presidente del país. Además, resultaba ser de un fuerte origen puritano. Adams afirmó más tarde que su mentalidad se había desarrollado desde su nacimiento, citando el hecho de que nació en 1735, cuando las colonias de Nueva Inglaterra estaban atrapadas entre dos polos ideológicos, el de la Ilustración y el del Gran Despertar, que en gran medida abrazaba los ideales puritanos.

El Gran Despertar también sirvió como línea de demarcación entre la Vieja Luz y la Nueva Luz, de las que formaba parte la generación de John Adams. Adams se pasó a una versión más progresista del puritanismo de la Nueva Luz cuando era solo un joven adolescente. Había llegado a no gustarle lo que consideraba puntos de vista dogmáticos e irracionales de los primeros puritanos y, en su lugar, abrazó un enfoque más liberal, dirigido por las enseñanzas de los dinámicos de la Nueva Luz Lemuel Briant y Jonathan Mayhew.

Fue Mayhew quien quizás tuvo la mayor influencia. Mayhew defendía el derecho de los ciudadanos a rebelarse contra las leyes injustas. Dejó muy claras estas opiniones en 1750, cuando pronunció su famoso sermón "Discurso sobre la sumisión ilimitada y la no resistencia a los poderes superiores". En este sermón, Mayhew insistió en que era el ciudadano común quien debía ser el juez adecuado de los funcionarios del gobierno, y no al revés.

El concepto de una nación dirigida por principios democráticos, en la que el ciudadano común elegiría a sus representantes, acabaría calando en John Adams. Más tarde recordó el poder de este sermón en particular, afirmando que «fue leído por todos; celebrado por los amigos, y maltratado por los enemigos». Y el Padre Fundador John Adams, por su parte, lo recordaría con toda seguridad cuando ayudó a redactar la Declaración de Independencia en 1776, que se abría con la frase "Nosotros el Pueblo".

Los Estados Unidos se construyeron sobre los principios que los puritanos, como Mayhew, defendían. Debía ser una república diseñada por el pueblo y para el pueblo, y por ello se basó en gran medida en estos valores puritanos. El historiador y escritor del siglo XIX J. W. Thornton proclamó que fue el sermón de Mayhew, de inspiración puritana, el que sirvió de "arma matutina de la revolución". Fue como si Mayhew, en su gran oratoria e introspección intelectual, hubiera hecho una llamada a las armas, y el capataz británico ni siquiera se diera cuenta.

Pero, sin embargo, los que querían mantener e incluso ampliar sus libertades en Norteamérica tomaron nota. Justo antes del discurso de Mayhew, los puritanos de la provincia de la bahía de Massachusetts ya estaban enfadados con la Corona por la posibilidad de que los anglicanos redirigieran parte de sus impuestos a la construcción de iglesias y otros monumentos para la Iglesia de Inglaterra. Aunque la Ley de Tolerancia había obligado a los puritanos a aceptar otras religiones, estos acontecimientos indicaban claramente el estatus favorable de la Iglesia de Inglaterra. En 1749, un furioso puritano lanzó un panfleto en el que se recordaba a los lectores que el baluarte anglicano de la Capilla del rey se había construido literalmente sobre los huesos de los puritanos, ya que sus cimientos se habían colocado descuidadamente sobre antiguos cementerios puritanos. El panfleto denunciaba el hecho de que «las cenizas de los muertos fueron perturbadas inhumanamente, para construir la Capilla del rey». El escritor señalaba entonces que se habían programado renovaciones ese mismo año, y era probable que se perturbaran aún más muertos puritanos en el proceso.

Sin embargo, más pertinentes para los congregacionalistas puritanos eran los crecientes llamamientos de los anglicanos para que se nombrara un obispo colonial con línea directa con el rey de Inglaterra. A raíz de toda esta intriga anglicana sobre la Capilla del rey, tanto los muertos como los vivos puritanos se sintieron realmente perturbados, lo suficiente como para ayudar a iniciar una revolución.

Tanto los puritanos como los patriotas se sintieron inspirados a no sentarse y quejarse de su suerte, sino a hacer algo al respecto. Hombres como John Adams se tomaron a pecho lo que habían aprendido de la tradición puritana y emplearon estos principios en la fundación de los Estados Unidos de América. Puede que fuera una ciudad brillante en una colina, pero no era la posesión de una corona extranjera; no, los puritanos habían decidido hace mucho tiempo que era el hombre común el que tomaría las decisiones.

E incluso cuando empezaron a sonar las primeras salvas de los cañones de la revolución, estos norteamericanos de mentalidad puritana estaban decididos a hacer realidad estos principios. Mayhew prometía en sus discursos que era posible ser leal y a la vez alcanzar la libertad. Y mientras los puritanos y los patriotas se preparaban para la guerra de la Independencia, su conciencia estaba tranquila al saber que servían a una vocación superior. Tanto los puritanos como los patriotas, herederos de la Carta original de Nueva Inglaterra, estaban dispuestos a luchar por lo que consideraban sus libertades otorgadas por Dios si era necesario.

Capítulo 9 - Los puritanos, la guerra civil y las oportunidades para ampliar su alcance

«No te empeñes tanto en la poesía, como para estar siempre pendiente de las páginas apasionadas y mesuradas. No dejes que lo que debería ser salsa, más que alimento para ti, absorba toda tu aplicación. Cuídate de un apetito desmedido y enfermizo por la lectura de poemas con los que ahora pulula la nación; y no dejes que la copa de Circeo te embriague. Pero, sobre todo, preserva la castidad de tu alma de los peligros en que puedes incurrir, por una conversación con musas que no son mejores que las rameras».

-Cotton Mather

A principios del siglo XIX, los puritanos y sus iglesias congregacionales volvieron a sufrir un período de cambios. Muchos habían perdido sus privilegios fiscales, como fue el caso en 1818 de los congregacionalistas de Connecticut y luego de nuevo en 1833 de los congregacionalistas de Massachusetts. En ese momento, muchas otras denominaciones habían entrado en escena, como los bautistas, los metodistas y, por supuesto, los siempre presentes presbiterianos, que no habían hecho más que aumentar en número.

Los puritanos de las iglesias congregacionalistas, sin embargo, no encajaban en una categoría bonita y ordenada, y a menudo optaban por denominar simplemente sus casas de culto como "Primera Iglesia". Si uno vivía en Ipswich, sería por tanto la "Primera Iglesia de Ipswich"; si un rebaño puritano se instalaba en Townsend, sería entonces la "Primera Iglesia de Townsend". Era una lógica simple, pero a la vez confusa, que dejaba a las iglesias puritanas con unos apellidos tan sublimes.

Para los puritanos de esta época, lo más importante era la estructura de su modelo congregacional. Al igual que en el pasado, evitaron tener que responder a ninguna autoridad centralizada. Los protopuritanos rompieron con el papa en Roma, luego la primera generación de puritanos rompió con los obispos de la Iglesia de Inglaterra. Los puritanos posteriores de la década de 1800 también se negaron a tener "sínodos, conferencias o asambleas" centralizadas. Aunque las congregaciones estaban vagamente afiliadas por la doctrina y la tradición, eran autoridades por sí mismas e insistían en manejar sus propios asuntos internos.

Desde los peregrinos hasta el siglo XIX, los puritanos se aferraron a la idea de que cada iglesia tenía su propio pacto de fundación, una constitución, si se quiere, que creaba un "pacto" entre los miembros de la iglesia y su líder particular. Por mucho que las iglesias desearan permanecer libres de control externo, dentro de la iglesia, los asuntos solían estar rígidamente prescritos de antemano. No era raro, por ejemplo, que una iglesia congregacionalista tuviera asientos asignados.

Sin embargo, estos rígidos controles internos a menudo hacían que las iglesias congregacionalistas parecieran poco acogedoras para los recién llegados, que tenían que averiguar qué lugar ocuparían en la jerarquía. Y a veces, ¡incluso tenían que averiguar dónde podrían sentarse! Por ello, la expansión de estas iglesias fue lenta. Durante un tiempo, estas iglesias puritanas permanecieron principalmente en la región de las antiguas colonias de Nueva Inglaterra donde se habían originado. Mientras tanto, después de la Revolución estadounidense, los metodistas, los bautistas, los presbiterianos y otros grupos similares lograron expandirse a casi todos los rincones de los recién forjados Estados Unidos de América.

A pesar de la disminución de su influencia, los puritanos que permanecieron se apoyaron en su historia y tradición. En la antigua región de Nueva Inglaterra, los puritanos se centraron en la brújula moral de sus antepasados puritanos y en su sólida fe en la "divina providencia" de Dios. Se remontaron a sus antepasados peregrinos, que creían que no eran meros viajeros a un nuevo mundo, sino los propios actores de Dios elegidos para cumplir su gran comisión. Su tendencia al calvinismo les llevaba a creer en lo preordenado, y creían que, en el plan divino de Dios, este les había elegido hacía tiempo para llevar a cabo lo que necesitaba que hicieran. También estaban convencidos de que la historia se repetía, y se referían a la Biblia para ver este ciclo cíclico de eventos en funcionamiento. Todo lo que tenían que hacer era leer el libro bíblico del Éxodo y cómo el pueblo hebreo fue lanzado en una peregrinación desde Egipto a Israel. Como es de suponer, esta historia tocó la fibra sensible de los puritanos, ya que ellos también vieron su propio éxodo a través del Atlántico desde Inglaterra de una manera similar.

Esta fusión del pasado y el presente también fue a menudo un forraje conveniente para las "jeremiadas" puritanas, que arrojaban luz sobre la locura actual de otros a través de los paralelos con los que se habían extraviado en las escrituras en el pasado. El profeta bíblico Jeremías fue el origen de gran parte de las jeremiadas, ya que fue ese profeta en particular quien a menudo predicó a Israel que se arrepintiera o se enfrentara a la ira de Dios. Jeremías era conocido como el "profeta llorón", de hecho, y antes de su eventual martirio, proclamaba insistentemente que el juicio de Dios se cernía sobre Israel.

El predicador puritano Jonathan Edwards, mencionado anteriormente en este libro, era muy conocido por sus jeremiadas. De hecho, podría decirse que escribió todo un tratado de estas comparaciones y exhortaciones en su famoso sermón, "Pecadores en manos de un Dios airado". Edwards, al igual que Jeremías antes que él, subrayó que Dios colocaba a sus creyentes en una relación de pacto con él, pero si dichos creyentes se descarriaban, ese pacto podía ser eliminado.

Para los puritanos, las jeremiadas expresaban tanto su relación única con Dios como les advertían que, si no hacían su parte, podrían perder en última instancia su "bendición continua". Los puritanos del siglo XIX estaban constantemente preocupados por la posibilidad de perder no solo su bendición, sino también toda su forma de vida. No tanto por la opresión externa, como la que habían enfrentado sus antepasados, sino por la simple complacencia de sus propios feligreses.

Y los líderes puritanos comenzaron a advertir a su rebaño de esto. El pastor William Lunt tenía un mensaje de este tipo para su rebaño puritano cuando les hizo una severa advertencia en 1840. Lunt les recordó a todos los puritanos que habían vivido y muerto por su fe en los años pasados, refiriéndose dramáticamente a sus tumbas "en aquel cementerio". También reflexionó sobre cómo sería que estos santos fallecidos se levantaran de la tumba y atravesaran las puertas de la iglesia "en una procesión fantasmal".

Después de imaginar a los muertos haciendo una visita a la iglesia, Lunt hizo la siguiente pregunta: «¿Cuáles creéis que serían las lecciones que pronunciarían esos ministros de Cristo? ¿No os dirían: Conservad las instituciones que nosotros, en nuestros días, exhortamos a los hombres a honrar? No abandonéis el santuario de vuestros padres. Si tenéis que renunciar a nuestros dogmas, no renunciéis —oh, no— a nuestros principios. Ni caigas de una vida de piedad y rectitud cristiana». Esta es una imagen bastante poderosa, por decir lo menos, y se utilizó en un intento de llevar a casa la importancia de mantener vivas las tradiciones de sus antepasados puritanos, no sea que los propios muertos se vean obligados a volver y recordarles que lo hagan.

En este momento, se alzaron dos alas distintas de los congregacionalistas puritanos: los que creían que se podía establecer una especie de perfeccionismo cristiano y los que se aferraban a la doctrina calvinista que subrayaba la ineludible atracción del pecado original. Esto sería importante en los años previos a la guerra civil estadounidense, ya que fueron los que buscaban esta "perfección moral" los que empezaron a considerar seriamente los males de la esclavitud. Comprendieron que ni ellos ni Estados Unidos en su conjunto podrían justificarse moralmente hasta que se erradicara la lacra de la esclavitud. Esta determinación se puso de manifiesto en 1852, cuando un total de cuarenta y cuatro iglesias congregacionales se reunieron en Mansfield, Ohio, para firmar una declaración doctrinal contra la esclavitud.

Sin embargo, al estallar la guerra civil en 1861, los puritanos permanecieron en su mayoría en silencio. Los cristianos, en general, se encontraron divididos entre los bandos opuestos. Algunos cristianos apoyaban abiertamente el intento del Norte de acabar con la esclavitud en el Sur. Las iglesias cuáqueras, por ejemplo, incluso las situadas en el Sur profundo, se oponían firmemente a esta práctica, y se encontraban en desacuerdo con sus propios compañeros del Sur.

Los cristianos de ambos lados de la división ideológica intentaron utilizar las escrituras para justificar sus puntos de vista. Cuando la guerra llegó a su fin en 1865, los congregacionalistas puritanos trataron de reorganizar sus congregaciones. Para evitar que su número disminuyera, muchos se embarcaron en programas de construcción de iglesias. Parte de este esfuerzo se dirigió a los estados del Sur que acababan de ser derrotados por el Norte. El Sur, por supuesto, estaba sumido en una gran confusión y agitación tras la guerra civil. Incluso en medio de esta agitación —o tal vez incluso a causa de ella— los congregacionalistas trataron de ampliar su alcance.

De hecho, algunos congregacionalistas sintieron que las secuelas de la guerra civil proporcionarían nuevas oportunidades para el ministerio, lo que se demostró el año anterior en una conferencia congregacionalista para la Asociación General de Illinois. Según la escritora e investigadora puritana Margaret Bendroth, esta conferencia, que tuvo lugar en abril de 1864, se centró en el tema de "los grilletes que se le habían quitado a millones de esclavos" y "las vastas regiones y poblaciones" que se abrían a "la libertad de pensamiento, de expresión y de misiones". En otras palabras, pensaban que el Sur podría estar maduro para que los ideales puritanos del Noreste se afianzaran. Tras la conclusión de esta conferencia, se recuerda que el predicador puritano Will Patton se jactó de «las muchas iglesias congregacionales que pronto salpicarán el Sur, ahora que el evangelio y la política de la libertad pueden tener acceso sin restricciones a esas fértiles regiones, de las que la esclavitud ha excluido hasta ahora la influencia puritana».

Dicen que Dios obra de manera misteriosa, y los puritanos, por ejemplo, creían que el trauma de la guerra civil serviría en realidad para un bien mayor y abriría la puerta a los corazones y mentes de los sureños para que pudieran considerar los ideales puritanos. Sin embargo, tras el asesinato de Abraham Lincoln en 1865, muchos puritanos, al igual que muchos otros estadounidenses en general, adoptaron una postura más dura contra los sureños y empezaron a replantearse cualquier tipo de contacto con ellos.

En el Consejo de Congregacionalistas de Boston, que se reunió poco después de la muerte de Lincoln, el puritano Alonzo Quint lanzó una célebre arenga no solo contra los sureños, sino también contra los británicos. Esta ira fue provocada por el hecho de que los británicos, que todavía veían a Estados Unidos en gran medida como un enemigo, habían apoyado tácitamente a la Confederación. Este apoyo nunca fue de forma oficial, pero era bastante obvio que los británicos querían que la guerra fuera lo más dura y costosa posible para el Norte. Alonzo señaló este hecho delante de una delegación británica de puritanos en la conferencia, acusando a los británicos de estar «siempre dispuestos a seguir a los poderosos, y siempre dispuestos a aplastar a los débiles, robando en la India [y] saqueando Irlanda».

Gran Bretaña, que ya había ilegalizado la esclavitud varias décadas antes, en 1807, no ayudaba ciertamente a los confederados porque estuvieran de acuerdo con ellos, sino que lo hacía como medio para debilitar y vengarse de los propios Estados Unidos. Esta ayuda fue siempre a nivel no oficial, ya que los británicos se mantuvieron oficialmente neutrales durante el transcurso de la guerra. No obstante, había puritanos, como Alonzo, que estaban dispuestos a repudiar al Sur y a todos los que les habían apoyado alguna vez, tanto si ese apoyo era oficial como extraoficial. Una retórica tan encendida podía atribuirse más o menos a las pasiones del momento. Acababa de concluir una costosa guerra y el presidente, al que muchos puritanos habían visto como un gran modelo a seguir, había sido abatido. Había muchos, por supuesto, que estaban profundamente molestos por todas estas cosas. Sin embargo, esta ardiente indignación se enfriaría en los años siguientes.

Y para el llamado Jubileo de los Peregrinos de 1870, que celebraba el 250 aniversario de la llegada de sus antepasados puritanos en el *Mayflower*, los congregacionalistas estaban empujando hacia lo que denominaban una unidad confesional. Sin embargo, muchos críticos señalaron que la tendencia hacia una unidad confesional conduciría a demasiados compromisos, y que la doctrina general de estos herederos puritanos se volvería mucho más liberal como resultado. Y después de que se introdujera el llamado Credo de 1883 como declaración de fe unificadora, muchos consideraron que cedía demasiado en nombre de dicha unidad. Un congregacionalista de Massachusetts, llamado William Deloss, argumentó precisamente esto. En 1883, cuando se introdujo el nuevo credo, reflexionó que «[incluso un] cristiano declarado que cree que descendemos de los monos» sería considerado aceptable en virtud de la carta.

El debate sobre la teoría de la evolución de Darwin, por supuesto, fue un tema candente a finales del siglo XIX. Aquellos que mantenían las tradiciones puritanas cerca de su corazón a menudo lo utilizaban como una cuña para separarse de aquellos que simplemente se llamaban a sí mismos verdaderos creyentes. Para un viejo puritano como Deloss, habría sido un anatema que un supuesto evolucionista creyente en el cristianismo fuera admitido en el rebaño.

William Deloss no era más que uno de los muchos viejos conservadores que intentaban frenar el cambio de ritmo en la fe puritana. Sin embargo, con el tiempo, los descendientes de los puritanos se volverían de hecho mucho más librepensadores y liberales en su alcance.

Capítulo 10 - Los puritanos modernos y el fin de una era

«El evangelio trae noticias, noticias alegres en verdad. A los dolientes en Sión, que quieren ser liberados del pecado y de Satanás, y de la llama del Monte Sinaí buenas noticias de salvación, a través de Jesús el Cordero. Qué dulces invitaciones, contiene el evangelio, a los hombres cargados, con esclavitud y cadenas. Da la bienvenida a los cansados, para venir y ser bendecidos. Con alivio de sus cargas, Jesús a descansar. Para todo pobre doliente, que tiene sed del Señor. Una fuente se abre, en Jesús la Palabra. Su pobre conciencia reseca, para refrescar y lavar. De la culpa y la contaminación, de las obras muertas y la escoria. Un manto se proporciona, su vergüenza ahora para ocultar. En el que nadie se viste, sino la esposa de Jesús. Aunque sea costoso, el manto es gratuito. Y todas las plañideras de Sión, se engalanarán con él».

-William Gadsby

En los albores del siglo XX, los descendientes de la fe puritana habían llegado a una encrucijada en su camino religioso. En lugar de insistir en que su camino era el único, los puritanos comenzaron a desarrollar un enfoque decididamente más liberal. De repente, hubo un impulso entre los congregacionalistas para que se abstuvieran de juzgar la fe de los demás sin dejar de aferrarse a sus propias doctrinas y tradiciones. Una de las escritoras e investigadoras más famosas del puritanismo, Margaret Bendroth, sacó una cita de un puritano congregacionalista, fechada en 1925, que parece resumir bien este sentimiento. En su libro *The Last Puritans* (Los últimos puritanos), documenta las palabras de un descendiente de puritanos que había declarado: «Estamos dispuestos a dejar que el otro tenga su creencia [pero nosotros] nos negamos a renunciar a la fe de nuestros padres». Los forasteros también parecieron suavizar un poco sus opiniones sobre los puritanos, y el tricentenario del desembarco de los peregrinos en Plymouth se celebró con gran fanfarria en todo Estados Unidos en 1920.

El verano de Massachusetts de 1920 estuvo especialmente lleno de desfiles, pompa y circunstancia. En un momento dado, un desfile contó con más de cien figuras disfrazadas, que luego participaron en una masiva y elaborada recreación. Los congregacionalistas puritanos en los años entre las dos guerras mundiales también desarrollaron una postura que se ha comparado con estar en algún lugar "entre el patriotismo ciego y el pacifismo ciego".

A diferencia de los cuáqueros, que a menudo eran objetores de conciencia, los puritanos nunca trataron de evitar que sus jóvenes fueran a la guerra, pero al mismo tiempo les enseñaron a pensar muy bien por qué lo hacían. Los congregacionalistas mantuvieron, en efecto, ese feroz espíritu independiente y, conscientes de que solo debían lealtad a su creador, animaron a sus miembros a ser pensadores críticos que pudieran decidir por sí mismos si las guerras que libraba su gobierno terrenal merecían o no la pena.

Fue entre las dos guerras mundiales cuando surgió un brazo activista de los congregacionalistas, conocido como el Consejo de Acción Social (CSA). Este grupo se encargó de abordar los problemas sociales de la época, como el fascismo, el racismo y las dificultades económicas. En la década de 1930, por supuesto, había muchos de estos males sociales de los que ocuparse, teniendo en cuenta el ascenso del Partido Nazi en Alemania, el fascismo en Italia, las tensiones raciales en casa y las consecuencias de la Gran Depresión.

Este fuerte enfoque en las cuestiones sociales, especialmente la idea de nivelar el campo de juego en lo que respecta a la economía, puede haber sido popular en la década de 1930, pero después del final de la Segunda Guerra Mundial y el miedo al comunismo comenzó a filtrarse, se pensó que el CSA no era más que un frente socialista o comunista. Algunos congregacionalistas desconfiaron lo suficiente de la organización como para crear un grupo contrario en 1952, llamado Comité de Oposición a la Acción Política Congregacional (COCPA). Este grupo acusaba a la CSA de no ser más que una organización "materialista e inmoral" que intentaba presentarse como cristiana.

La COCPA insistía en que el individualismo rudo y no el socialismo colectivo era el verdadero espíritu de sus antepasados puritanos y que las medidas que la CSA pedía eran un completo anatema para los ideales congregacionalistas. En este ambiente, los congregacionalistas empezaron a entrar en decadencia. Acabaron celebrando la que sería una de sus últimas reuniones principales en el año 1956.

Al año siguiente, en 1957, las dos facciones de los congregacionalistas —la Iglesia Evangélica y Reformada y el Consejo General de las Iglesias Cristianas Congregacionales— se fusionaron realmente para convertirse en la Iglesia Unida de Cristo o, como se la conoce simplemente, la UCC. Fue la UCC la que, a bombo y platillo, celebró en noviembre de 1970 el 350 aniversario del desembarco de los peregrinos en Plymouth.

La UCC publicó un artículo en una de sus publicaciones, *The United Church Herald*, en el que elogiaba a los peregrinos y sus costumbres puritanas. La publicación ensalzaba cómo estos buscadores de la libertad religiosa habían «practicado la democracia, la independencia y el congregacionalismo [incluso] antes de que fueran definidos». Sin embargo, no todos los puritanos de la vieja escuela estaban contentos con la UCC, y su formación llevaría a la creación de la Asociación Nacional de Iglesias Cristianas Congregacionales, que se creó esencialmente en protesta por la fundación de la UCC. Fue aquí donde los partidarios de la línea dura de los antiguos ideales puritanos trataron de encontrar un lugar para sí mismos. Los que formaban parte de la Asociación Nacional de Iglesias Cristianas Congregacionales creían que eran los verdaderos herederos tanto de las creencias como del espíritu puritano.

Entretanto, la UCC se hizo cada vez más liberal en sus opiniones y se encontró con que acogía una amplia gama de pensamientos religiosos, además de aceptar a personas que provenían de una amplia gama de orígenes sociales. Para una iglesia cuyos antepasados no veían con buenos ojos algo tan sencillo como bailar y cantar, el grado de aceptación liberal que los feligreses de la UCC adoptaban ahora fue toda una transformación. A medida que la UCC continuaba con su inclinación más liberal, daría lugar a pastores controvertidos, como el reverendo Jeremiah Wright.

Jeremiah Wright era el pastor de una congregación de la Iglesia Unida de Cristo en Chicago. Se ganó el escrutinio de los medios de comunicación durante las elecciones presidenciales de 2008 debido a su conexión con el candidato Barack Obama, que solía asistir a la iglesia de Wright. Durante la campaña presidencial, empezaron a salir a la luz varios vídeos antiguos de la predicación de Wright en los que este parecía hacer comentarios antisemitas y otros polémicos. Obama no tardó en denunciar las palabras de Wright, y el propio Wright salió a decir que "se había equivocado". Algunos astutos expertos de los medios de comunicación reconocieron que la iglesia de Wright tenía raíces puritanas y empezaron a bromear con que quizás sus diatribas eran simplemente su versión de la antigua "jeremiada" puritana.

La iglesia de la UCC de la que procedía Jeremiah Wright se llamaba Trinity United Church of Christ, fundada en 1961. De hecho, fue la primera iglesia de la UCC de mayoría afroamericana. El reverendo Wright vio a la iglesia pasar por muchos momentos turbulentos y, según admitió, había desarrollado una mentalidad de no guardarse nada. Creía en decir la verdad al poder, o al menos su versión de la verdad.

Por muy controvertido que fuera alguien como Wright, pertenecía a la tradición de las iglesias congregacionalistas, que a su vez fue fundada por los puritanos. Aquellos que querían establecer una ciudad brillante en una colina para que el mundo la viera probablemente no tenían ni idea de que uno de los herederos de su tradición sería un hombre que se vería maldiciendo abiertamente a Estados Unidos desde el púlpito. ¡Demasiado para esa ciudad brillante en una colina!

Pero también sería un error decir que Wright se apartó completamente de los ideales puritanos. Fueron los puritanos, después de todo, quienes subrayaron la necesidad de que un pastor pudiera hablar libremente a sus congregaciones sin la supervisión de las figuras de autoridad regionales. El hecho de que Wright dijera lo que pensaba y atendiera de forma independiente a su rebaño está en consonancia con el impulso general puritano de que la libertad de culto y la expresión religiosa no se vean obstaculizadas dentro de los muros de la iglesia.

La Iglesia Unida de Cristo es una congregación de tendencia liberal, y su naturaleza progresista, en muchos aspectos, parece estar en marcado contraste con las raíces ultraconservadoras del movimiento puritano. Es difícil saber qué pensarían de estos cambios algunos de los creadores del movimiento. La UCC ha sido criticada en los últimos años por centrarse demasiado en la justicia social y ser "demasiado políticamente correcta". En 2011, esta supuesta corrección política se puso de manifiesto cuando la UCC decidió pasar a la neutralidad de género en las referencias a Dios. En lugar de decir "Padre Celestial", por ejemplo, se decidió que Dios sería referido simplemente como "Dios Trino". Esta medida tuvo cierto retroceso, ya que incluso algunos congregantes de la UCC se sintieron incómodos con ella. Pero si nos ponemos a pensar, quizá sea un poco desconcertante que imaginemos que Dios tiene un género. Incluso Jesús pareció descartar esta noción cuando pareció comentar la naturaleza sin género de los seres celestiales. Los ángeles, aunque se describen con apariencia masculina en la Biblia, generalmente se consideran sin género en el sentido literal de la palabra. En un momento de su ministerio, le hicieron a Jesús una pregunta bastante ingeniosa sobre con quién terminaría alguien con múltiples parejas matrimoniales en la otra vida. Jesús les dijo: «Porque cuando resuciten de entre los muertos, no se casarán ni se darán en matrimonio, sino que serán como los ángeles que están en el cielo». (Mateo 12:25)

La UCC procede de una larga estirpe de teólogos que invitan a la reflexión, como Anne Hutchinson, Cotton Mather y Jonathan Edwards. Dicho esto, no debería sorprender que sus descendientes sigan superando los límites, aunque sea algo que sus propios antepasados no hayan aprobado necesariamente.

Hoy en día, a la UCC le gusta diferenciarse de sus pares proclamando que es una iglesia en la que "el Señor sigue hablando". Puede que los padres fundadores del movimiento puritano no estén de acuerdo con todos los esfuerzos que se realizan en la UCC, pero tendrían que estar de acuerdo con el espíritu general que hay detrás.

Capítulo 11 - Un día en la vida de un puritano

«Los sentimientos vienen y se van, y los sentimientos son engañosos; mi garantía es la Palabra de Dios; nada más vale la pena creer. Aunque todo mi corazón se sienta condenado por falta de alguna dulce señal. Hay uno más grande que mi corazón, cuya palabra no puede ser rota. Confiaré en la palabra inmutable de Dios hasta que el cuerpo y el alma se separen. Porque, aunque todas las cosas pasen, su palabra permanecerá para siempre».

-Martín Lutero

En la tradición puritana de hoy en día, es posible que se sorprenda al ver que los congregantes tienen una amplia gama de puntos de vista sobre aspectos clave de la doctrina religiosa. Esto contrasta fuertemente con la forma en que los puritanos comenzaron su existencia.

El sistema de creencias de los puritanos se centraba en la identificación de Dios como única autoridad en la vida de cada uno y en la perfección de la obediencia a Dios. Los puritanos, como se evidenció durante los juicios a las brujas de Salem, realmente creían que fuerzas invisibles actuaban en sus vidas. Se tomaron a pecho las palabras del apóstol Pablo, quien afirmó que «miramos a través de un cristal oscuro». Se mantenían firmes en que incluso aquellos que entendían claramente las escrituras no podían llegar a comprender plenamente el mundo espiritual, ya que ellos mismos seguían encadenados al mundo de la carne y la sangre por el mero hecho de estar vivos. Como declaró en una ocasión un compañero anglicano de los puritanos, puede ser "posible aprehender a Dios"; sin embargo, no es tan fácil "comprender a Dios".

No obstante, los puritanos sabían que algunos aspectos de Dios podían comprenderse simplemente observando el mundo que Él había diseñado y creado. Solo con reflexionar sobre los hechos más importantes de la creación, uno puede encontrar pruebas de un diseñador divino. La luna, por ejemplo, que es considerablemente más pequeña que el sol, se encuentra a veces en el lugar adecuado en el espacio para parecer que cubre la cara solar del sol, provocando un eclipse solar para los que estamos aquí abajo en la Tierra. Es una coincidencia bastante conveniente, ¿no? La gente de todo el mundo ha disfrutado de eclipses solares totales desde el principio de los tiempos, y la mayoría no es consciente de lo improbable que es este acontecimiento. Muchos científicos coinciden en que las probabilidades de que esto ocurra al azar son demasiado increíbles. El sol está a más de 93 millones de millas de la Tierra y tiene un diámetro de unas 864.948 millas. La Luna, en cambio, está mucho más cerca, a solo 238.900 millas, y tiene un diámetro de solo 2.158 millas. En otras palabras, el sol es realmente grande, mientras que la luna es mucho más pequeña en comparación. Sin embargo, de una forma u otra, cuando miramos al cielo, desde nuestro punto de vista, llegamos a ver dos objetos celestes que parecen más o menos del mismo tamaño, y cuando se cruzan, tienen el potencial de crear un eclipse total. Parecería que estos dos objetos completamente diferentes fueron puestos en su lugar solo para que los admiráramos. O como escribió el rey David de la Biblia en uno de sus muchos salmos: «Los cielos declaran la gloria de Dios; los cielos proclaman la obra de sus manos» (Salmo 19:1).

Este es uno de los signos que un puritano habría señalado en relación con el diseño obviamente inteligente del universo. Pero en lo que se refiere a la naturaleza espiritual del universo, que no se puede descifrar, los puritanos acudían a la Biblia en busca de respuestas. Si, por ejemplo, alguien enfermaba repentinamente y perecía rápidamente, no sería raro que un puritano le atribuyera algún significado divino. ¿Había alguna razón para que esa persona pereciera así? ¿Qué estaba tratando de decirnos Dios?

También se aplicaban estos cuestionamientos a sí mismos de forma colectiva. Esto se hizo con las infames jeremiadas, en las que, al igual que el profeta Jeremías, las dificultades actuales se interpretaban como un juicio de Dios y una advertencia para que el rebaño se apartara "de sus malos caminos".

Sin embargo, lo interesante es que, en lo que respecta a los puritanos, por mucho que trataran de diferenciarse con su propia marca de creencias puritanas, también sufrieron eventuales divisiones, cismas y escisiones teológicas. La verdad es que nunca hubo un enfoque puritano unificado de la religión, aparte de la noción de esforzarse por apartarse de la corriente religiosa de la época, que despreciaban colectivamente. Es precisamente esta falta de doctrina unificada lo que lleva a la mayoría de los estudiosos a señalar que el puritanismo es más parecido a un movimiento que a una denominación estática de la religión cristiana.

Uno de los aspectos fascinantes de las creencias puritanas era que, aunque se mantenían firmes en la doctrina de la predestinación, seguían haciendo hincapié en vivir lo más fielmente posible. La idea de que quien va al cielo o al infierno ya ha sido predeterminado podría hacer que uno se sienta tentado a aflojar un poco, ya que ninguna cantidad de buenas obras cambiaría ese hecho. Pero los puritanos no. Aunque creían que todo estaba predeterminado, se aseguraban de hacer lo mejor posible, de ser la ciudad brillante sobre una colina de la que John Winthrop hablaba con tanto cariño. A pesar de su creencia en la predestinación, los puritanos hicieron todo lo posible para vivir lo que creían que era una vida piadosa.

Uno podría preguntarse si los puritanos creían que todo estaba preordenado, ¿por qué se esforzaban tanto por vivir su propia versión personal de lo que constituye una vida pura? Los puritanos creían que debían ser un ejemplo para los demás, y se veían a sí mismos cumpliendo la voluntad de Dios con la vida que llevaban. Tanto si estaba predestinado como si no, los puritanos estaban más que dispuestos a desempeñar el papel. Los puritanos también querían asegurarse de que realmente estaban preordenados para la salvación.

Puede sonar un poco enrevesado, pero pensaban que, dado que los frutos de sus obras daban testimonio de su estado general, querían asegurarse de que sus frutos eran buenos. Esto era un testimonio no solo para sus vecinos, sino también para ellos mismos de la bondad de Dios y, por extensión, de esta bondad en sus propias vidas. Si hacían el bien y, en general, disfrutaban haciéndolo, podían estar seguros de que la salvación estaba predestinada por Dios.

A pesar del estereotipo de que los puritanos eran un grupo de personas de rostro adusto que odiaban divertirse, en realidad los puritanos tenían un sano sentido de la diversión. No eran todo trabajo y nada de juego; solo insistían en que sus actividades alegres estuvieran muy reglamentadas. Consideraban que había un momento y un lugar para todo, y creían que sus vidas debían seguir una estructura organizativa específica. Si bien estaba bien tener tiempo al final del día para bromear con la familia en la casa, habría sido visto como muy inapropiado estar interrumpiendo de esa forma en medio de un sermón de la iglesia. No es que el acto de bromear fuera realmente tan malo, sino que sería inapropiado en un entorno eclesiástico.

Para los peregrinos puritanos, su mayor sensación de diversión provenía del tiempo que pasaban en la naturaleza. Para un puritano de aquella época, un domingo típico incluía un servicio religioso por la mañana y una tarde de comunión con la naturaleza. Los picnics habrían estado a la orden del día, y la pesca y la recolección de bayas en los alrededores habrían sido bastante comunes.

Pero incluso en estas actividades, se consideraba que solo debían realizarse si servían a un propósito general. Pescar y luego desperdiciar el pescado que se acaba de capturar, por ejemplo, habría sido mal visto. Por eso, el pescado que se guardaba, sin duda acababa en el fuego esa misma noche para la cena.

El derramamiento innecesario de sangre de un animal siempre se ha considerado incorrecto, como demuestra el hecho de que los puritanos prohibieran las peleas de gallos. Hoy en día, la mayoría estaría de acuerdo con los puritanos en que las peleas de gallos, que implican que una multitud de personas vea cómo dos aves se picotean hasta la muerte, son bastante crueles. Pero en aquella época, los puritanos eran más la excepción que la regla, ya que otros colonos no habrían pensado mucho en ello. La idea de ver a los animales pelearse entre sí para entretenerse es errónea en muchos niveles, y los puritanos lo predicaban, haciendo saber que no habría lugar para que nadie de la fe puritana incluyera los llamados "deportes de sangre" en su vida recreativa.

Por esta misma razón, los puritanos se negaban a participar en un juego como el fútbol, que, especialmente en su época más primitiva, habría sido etiquetado como un deporte de sangre. Otro pasatiempo que los puritanos desaprobaban era disfrutar de las producciones teatrales. Cuando Oliver Cromwell llegó al poder en la década de 1650, bajo una fuerte influencia puritana (la más fuerte que tendría Inglaterra), puso fin directamente a la producción popular de obras de teatro. Esto fue un revés temporal para los amantes del teatro y los actores en Inglaterra, pero los puritanos de las colonias de Nueva Inglaterra mantuvieron esta rígida prohibición del teatro durante varias décadas más.

En cuanto al pasatiempo de la música, los puritanos eran un poco más ambivalentes. Aunque no les gustaba el coro tradicional y la música basada en instrumentos que la Iglesia de Inglaterra había heredado de la Iglesia católica, fomentaban el canto de salmos, y dentro de los hogares puritanos, tocar instrumentos musicales era con el tiempo bastante común.

Uno de los pasatiempos más apreciados por los puritanos, como se experimentó en el primer Día de Acción de Gracias, era la fiesta. Básicamente, se trataba de reservar un día para llevar un montón de comida y tener una comunión con amigos, familiares y vecinos. Era en estas grandes fiestas donde los puritanos compartían las últimas novedades, bromeaban y, en general, disfrutaban de la compañía de los demás.

Esta fue siempre la mayor fortaleza de los congregacionalistas: su fuerte sentido de comunidad. Incluso antes de pisar tierra, sus antepasados peregrinos se aseguraron de forjar un estrecho pacto social, allí mismo, en los camarotes de su barco. De este modo, disponían de un estricto protocolo social sobre cómo tratar no solo a ellos mismos, sino también a cualquier otra persona que pudieran encontrar.

El don puritano de la buena comida y el diálogo abierto demostró ser muy exitoso cuando se trató de negociar con la población nativa americana local que ya vivía en Nueva Inglaterra. El hecho de que las primeras décadas del asentamiento puritano prácticamente no se vieran afectadas por la violencia entre estos dos pueblos tan diferentes es un testimonio de este sólido pacto social.

Los puritanos fueron pioneros en todo el sentido de la palabra. Sí, fueron pioneros literales que abrieron un camino a través de la naturaleza, pero también fueron pioneros en el sentido de la amplitud de sus relaciones diplomáticas. Estaban preparados y dispuestos a encontrar a los demás a mitad de camino. Cuando trataban con una delegación nativa, por ejemplo, no era raro que un grupo de puritanos se adentrara en una zona boscosa patrullada por bandas itinerantes de guerreros tribales. Los puritanos eran realmente audaces, y esta audacia era sin duda una audacia inspirada por su fuerte creencia en Dios.

Muchos puritanos se sentían en una misión divina de la providencia. Además, creían que Dios había predestinado su éxito final. Esta era su verdadera fuente de valor. Los puritanos pensaban que Dios estaba de su lado, y con el creador del universo cuidando de uno así, ¿qué hay que temer? Esta era, de hecho, la mentalidad general que la mayoría de los puritanos de Nueva Inglaterra tendían a tener. Y la audacia y el coraje que demostraron todos los días de su vida son testimonio de ello.

Conclusión: Dejaron que su luz brillara

Aunque los puritanos fueron un movimiento poderoso y un resultado directo de la Reforma Protestante, es probable que la mayoría de las personas de hoy en día no sepan mucho sobre ellos. Tal vez hagan la conexión con que los peregrinos del *Mayflower* que se vestían raro y comían pavo en Acción de Gracias tenían algo que ver con ellos, pero no suele ir mucho más allá de eso. Por otra parte, algunos podrían considerar los juicios de brujas de Salem y darse cuenta de la conexión puritana que existe.

En cualquier caso, ambas asociaciones pintan a los puritanos en retratos más grandes que la vida y totalmente estereotipados que no reflejan del todo la realidad. Los puritanos viajaron en el *Mayflower* y celebraron una serie de juicios por brujería en Salem, pero esto no explica la historia completa del grupo. Para entender mejor a los puritanos, primero hay que considerar qué les llevó a diferenciarse en primer lugar. Fue su profundo anhelo ideológico de algo más grande que las típicas trampas religiosas que habían experimentado.

La Iglesia de Inglaterra, de la que habían surgido los puritanos, resultó ser un vehículo demasiado asfixiante y retroactivo para los protestantes ingleses que deseaban reformar realmente la forma en que se llevaban a cabo sus servicios religiosos. Aunque los británicos habían roto con la Iglesia católica, en muchos aspectos, parecía que Inglaterra era protestante solo de nombre, ya que seguían existiendo muchos rasgos de la Iglesia católica. Fueron estos últimos vestigios del catolicismo los que los puritanos trataron de purgar. No deseaban tanto crear una nueva religión o denominación como simplemente purificar la marca de fe que ya tenían. En la época de Oliver Cromwell, el lord Protector de Inglaterra favorable a los puritanos, muchos creyentes de mentalidad puritana sintieron que por fin se les había dado la oportunidad de transformar verdaderamente su religión.

Pero cuando Cromwell pereció, gran parte de esta esperanza murió con él. Inglaterra pasó entonces por una serie de gobernantes que, en ocasiones, se mostraban algo abiertos a la reforma, pero que también retrocedían habitualmente en las medidas que se consideraban de máxima importancia para los fieles protestantes. Cuando la situación ya no era tolerable en Inglaterra, muchos puritanos empezaron a mirar hacia Norteamérica como refugio permanente para su rebaño.

Los peregrinos del *Mayflower* en 1620, seguidos por la gran oleada de puritanos de John Winthrop en 1630, demostraron que los puritanos no solo podían sobrevivir en el Nuevo Mundo, sino también —tal como lo había descrito Winthrop— erigirse en una "ciudad sobre una colina". Creían que, aunque la situación fuera desfavorable en Gran Bretaña, si podían dar un ejemplo lo suficientemente bueno en las colonias norteamericanas, podrían cambiar la opinión de quienes se habían opuesto a ellos anteriormente. Todo lo que tenían que hacer era dejar brillar su luz.

Vea más libros escritos por Captivating History

Apéndice A: Lecturas adicionales y referencias

Killing England: The Brutal Struggle for American Independence. Bill O'Reilly, 2017.

As a City on a Hill: The Story of America's Most Famous Lay Sermon. Daniel T. Rodgers, 2018.

The Puritan Experiment: New England Society from Bradford to Edwards. Francis J. Bremer, 1976.

The Last Puritans: Mainline Protestants and the Power of the Past. Margaret Bendroth, 2015.

The Puritans: A Transatlantic History. David D. Hall, 2019.

Pilgrims and Puritans: 1620-1676. Christopher Collier & James Lincoln Collier, 1998.

Who Were the Accused Witches of Salem? And Other Questions about the Witchcraft Trials. Laura Hamilton Waxman, 2012.

Reformation: A World in Turmoil. Andrew Atherstone, 2015.

A Delusion of Satan: The Full Story of the Salem Witch Trials. Frances Hill, 2002.

www.ingramcontent.com/pod-product-compliance
Lightning Source LLC
LaVergne TN
LVHW011847060526
838200LV00054B/4202